Volker Surmann

Lieber Bauernsohn als Lehrerkind

Volker Surmann

Lieber Bauernsohn als Lehrerkind

Ein Heimatbuch

Volker Surmann

ist Autor, Kabarettist und Buchmacher und lebt als Exil-Ostwestfale in Ostberlin. Er ist Mitglied der Lesebühne »Brauseboys« und schrieb schon für diverse Fernsehcomedy-Produktionen. Aktuell ist er regelmäßig für die »Titanic«, das Kabarett »Die Stachelschweine« und das queere Hauptstadtmagazin »Siegessäule« tätig. Er gab zahlreiche Anthologien heraus, z.B. den Independent-Bestseller »Sex - Von Spaß war nie die Rede«. 2010 erschien sein erster Roman »Die Schwerelosigkeit der Flusspferde« (Querverlag). www.volkersurmann.de

3. (um eine Fußnote erweiterte) Auflage Mai 2013

© Satyr Verlag Volker Surmann, Berlin 2012
www.satyr-verlag.de

Coverfoto: Paul Bokowski
Druck und Bindung: CPI Moravia
Printed in Czech Republic

Die Deutsche Nationalbibliothek verzeichnet diese Publikation in der Deutschen Nationalbibliografie; detaillierte bibliografische Daten sind im Internet abrufbar über: http://dnb.d-nb.de

Die Marke »Satyr Verlag« ist eingetragen auf den Verlagsgründer Peter Maassen.

ISBN: 978-3-9814475-8-3

für meine Familie

Prolog

Siebzehn Hektar Kindheit

Ich wurde in den Siebzigerjahren geboren und bin auf einem Bauernhof im Teutoburger Wald groß geworden. Damit war vorherbestimmt, dass sich meine Kindheit zwischen Ackerbau, Frottee und Cordlatzhosen abspielen würde. Doch dafür hatte ich den »Teuto«, wie man ihn bei uns liebevoll nannte, direkt vor der Haustür. Kein virtuelles Fantasiespiel kann so weit sein wie er.[1] Zu unserem Hof gehörte vergleichsweise wenig Land, aber es reichte: Mein Kinderzimmer maß siebzehn Hektar.

Sabine war meine Sandkastenfreundin. Sie wohnte auf dem Bauernhof nebenan. Wir spielten Hochzeit und bauten aus Pappkartons einen Altar im Kartoffelkeller.

---

1 Kleine Erläuterung für die Generation Navi: Der Teutoburger Wald liegt im Nordosten Nordrhein-Westfalens, dem sogenannten Ostwestfalen, reicht bis nach Südniedersachsen hinein und ist das schmalste Mittelgebirge Deutschlands: etwa zweihundert Kilometer lang, bis zu vierhundert Meter hoch, aber nur wenige Zentimeter breit. Deswegen nennt man Ostwestfalen auch gerne einen Landstrich. Und Landstrich heißt jetzt nicht etwa, dass dort Kühe mit prallem Euter unter Straßenlaternen warten. So etwas gibt es im Teutoburger Wald natürlich nicht, also Straßenlaternen.

In der Verkleidungskiste fanden wir Kostüme für Braut und Bräutigam, nicht selten vertauschten wir die Rollen. Sabine war ein Jahr älter und machte sich als Mann ganz gut. Es gibt Fotografien, die, neben Sabine mit altem Zylinder in einem viel zu großen Frack, mich in einem weißen Brautkleid aus Wohnzimmergardinen zeigen. Manchmal frage ich mich, wie oft sich meine Eltern dieses Bild wohl nach meinem Coming-out angeschaut haben mögen.

Ich war der festen Überzeugung, dass Sabine und ich irgendwann auch in echt heiraten würden. Den ersten und bisher einzigen Heiratsantrag meines Lebens machte ich mit vier auf dem Hof von Sabines Eltern. Wir hatten wieder Hochzeit gespielt und standen verkleidet zwischen Klärgrube und Bullenstall.

»Nein«, hat sie gesagt und gelacht. Ich war am Boden zerstört, bin traurig nach Hause gelaufen. Als wenige Wochen später beim Spielen eines ihrer Kaninchenjungen durch mich zu Tode kam, war mir endgültig klar: Ich würde bei ihr nie eine Chance haben.

Marcus war Playmobil. Ich war Lego. Er war auch Geha und ich Pelikan, aber das war beim Spielen unwichtig. In der Pubertät bin ich eh auf Lamy umgestiegen.[2]

Marcus hatte sehr viel Playmobil in seinem Zimmer. Wenn wir bei ihm waren, spielten wir Überbevölkerung. Nicht, dass sein Zimmer so klein war. Er hatte einfach so viel Playmobil.

---

2 Dem Kabarettisten Jess Jochimsen zufolge kam das schon einem Outing gleich (vgl. Jochimsen 2000). Ich hätte also ebenso gut gleich mit dem weißen Brautkleid zur Schule gehen können.

In unserer Science-Fiction-Fantasie wurde jeder, der sechsundzwanzig Jahre alt war, von der Regierung erschossen, weil kein Platz mehr im Land war. Sechsundzwanzig kam uns damals unglaublich alt vor.

Ich habe Marcus aus den Augen verloren. Ich weiß nicht mal, ob er überhaupt noch lebt, schließlich hat er die sechsundzwanzig auch schon deutlich überschritten.

Wenn wir draußen waren, spielten Marcus und ich gerne Flutkatastrophe. Unten in der Wiese stauten wir den Bach auf. Er kam dort aus einer Röhre unter der Straße her; danach weitete sich sein Bett auf wenigen Metern. Wo es wieder schmaler wurde, stand unser Damm. Errichtet aus Grasbüscheln, die wir aus der Wiese rissen, Holz, Steinen und Lehm und in Eile unter der ständigen Angst, jeden Moment das halbfertige Bauwerk wegfließen zu sehen. Das Wasser staute sich hoch, bis auch eine kleine Kiesinsel bedeckt war. Im Bachbett hinter dem Damm floss dann kaum noch Wasser, und wir hatten Angst davor, in der kleinen Stadt zwei Kilometer bachabwärts würde man das bemerken und die Polizei zu uns raufschicken. Doch schon drängte zu viel Wasser nach, alles Laufen, Verstärken, Halten und Schreien nützte nichts mehr, der Damm brach, und eine Flutwelle rollte auf das Städtchen zu, wo sie vermutlich nicht einmal bemerkt wurde. Dafür war das Wasser in unsere Gummistiefel geschwappt, die dann beim Laufen ulkig glucksten.

Wir unternahmen Bachwanderungen – auch durch die große Röhre unter der Umgehungsstraße hindurch, wo die Stimme beim Schreien so hohl hallte – zu dem Punkt, wo der Bach die Betontreppe nahm und im begradigten Bett auf die Stadt zuschoss. Nur einmal sind wir weiter gewandert. Es war langweilig.

Auf dem Rückweg dann stolperten wir die steile Böschung entlang, die uns, ohne dass wir es konkret vorgehabt hätten, zu dem halb vom Laub verdeckten Stolleneingang brachte, um den sich unsere Fantasien rankten wie um das All und den Mond, den wir manchmal nachts durch Marcus' kleines Teleskop betrachteten.

Wir wussten: Früher hatte man hier Kohle gesucht und wohl auch ein bisschen gefunden. Dann aber hat man die Stollen sich selbst, dem Kalkstein und dem eindringenden Moderwasser überlassen, ohne sie vor uns zu sichern.

So standen wir vor einem Geheimnis, das Räume für dunkle Gedanken und Ängste öffnete und dessen Eingang hier, rundgemauert aus Backstein, vor uns im Laub lag. Der ganze Berg sei von Stollen durchgraben; in den Labyrinthen würden wir uns schneller verirren, als wir dächten. Mit schwachen Taschenlampen in das dunkle Loch hinabsteigen, hieße, Gefahr zu suchen, mit Sicherheit abzustürzen in Abgründe, die man in der Dunkelheit nicht mal erahnen konnte. Und bestimmt wartete irgendwo das Skelett eines abgestürzten Grubenarbeiters auf unsere zerschlagenen Knochen.

Unsere offene Frage war: Bestand eine Verbindung zwischen dem Stollen und der Höhle im nahe gelegenen Steinbruch? Auch in sie trauten wir uns nie tiefer als drei Meter hinein; dann senkte sich der Boden nach unten ab und das Tageslicht versteckte sich hinter dem Felsüberhang und ließ uns im Dämmerlicht Hineingegangenen in der Nacht des Steins allein.

Ein Höhlenforscher sei einmal mit seinem Jungen dort abgestiegen und nie wieder aufgetaucht.[3] Vielleicht liegen ihre sich langsam auflösenden Gebeine in der fantastischen, riesigen Tropfsteinhöhle, die wir uns nie zu entdecken trauten.

Heute weiß ich, dass der vermeintliche Stollen wohl nur zu den unterirdischen Gebäudeteilen eines längst abgerissenen Kalkwerks gehörte. Jules Vernes »Reise zum Mittelpunkt der Erde« habe ich erst zwei Jahre später gelesen – mit großem Interesse; danach aber nie wieder. Noch immer steht es irgendwo in meinem Regal – ein billiges Taschenbuch, das mit den Jahren verstaubt.

Jan und ich haben dagegen Radio gespielt. Das konnten wir immer nur bei ihm spielen, denn Jan hatte einen Kassettenrecorder und ich nicht. Stundenlang haben wir uns in seinem Zimmer eingeschlossen und Radiosendungen aufgenommen. Grundsätzlich waren dabei die Rollläden unten. Aber wir dachten, da man beim Radio ja nichts sieht, muss es im Studio auch dunkel sein.

Noch heute wundere ich mich jedes Mal, wenn ich ein Radiostudio betrete, über dessen Fenster.

In der Schule, auf die ich ging, waren nur ganz wenige Bauernkinder. Es war eine Grundschule in der nahe gelegenen Kleinstadt, sie lag inmitten eines riesigen Neubaugebietes mit schmucken Einfamilienhäusern. Auch

---

3 Ich kann mich beim besten Willen nicht erinnern, wer uns all diese Bären aufgebunden haben soll. Nachbarn? Eltern? Die älteren Jugendlichen aus der Nachbarschaft? – Alles möglich, aber ich tippe stark auf unsere *Fünf-Freunde*-Kassetten.

wir Bauernkinder wurden dorthin gekarrt, aber wir blieben eine klägliche Minderheit.

Meine Schulfreunde waren ausschließlich Lehrer-, Anwalts- und Bausparkassenbezirksleiterkinder. Ich habe mich deshalb oft etwas geschämt, doch es waren die Anwaltskinder, die sich im Zweitmercedes ihrer Mutter gerne zu mir auf den Hof bringen ließen, um dann mit mir in Gummistiefeln über die Weiden zu ziehen und mit Anlauf in jeden Kuhfladen zu springen.[4]

Abends, wenn die Anwaltsfrau ihren Anwaltssohn wieder abholen wollte, lagen wir heimlich kichernd, schmutzig und stinkend, versteckt auf unserer Deele unter Bergen aus frischem Rübenlaub. Dann schämte ich mich nicht mehr, Bauernsohn zu sein, sondern freute mich, dass die Anwaltskinder auch mal was erlebten.

Heute bin ich froh über meine Herkunft, denn die Anwalts-, Lehrer- und Bausparkassenbezirksleiterkinder sind inzwischen alle selbst Anwälte, Lehrer, Bausparkassenbezirksleiter oder mindestens in der FDP. Ich glaube, ich hatte eine glückliche Kindheit.

---

4 Das war meine Art des Skatens. Später gelang es mir sogar, die Kühe dazu zu bringen, auf Treppenabsätze und Mauervorsprünge zu kacken.

Weil es Landliebe ist

Jedes Bauernkind entwickelt auf kurz oder lang eine tiefe innere Beziehung zu den Objekten auf dem elterlichen Hof und verliebt sich in eine Zuchtsau, ein Huhn, einen Traktor – oder zumindest eine Zuckerrübe.

Bei mir war es Erna. Sie war die erste große Liebe meines Lebens. Ich war drei und sie eine Schwarzbunte. So nennt man schwarze Kühe mit weißen Flecken.

Die Farbenlehre der Milchviehwirtschaft ist verwirrend. Braune Kühe mit weißen Flecken nennt der Züchter rotbunt. Eine lila Kuh mit weißen Flecken hieße demzufolge buntbunt. Interessanterweise werden in Gegenden mit vorwiegend katholischer Bevölkerung vermehrt rotbunte Kühe gehalten, in evangelischen Landstrichen dagegen schwarzbunte. Von den Kühen auf der Weide kann man also auf die Gewänder des örtlichen Pfarrers schließen.[5]

---

5 Eine These übrigens, die man sehr gut in Berlin überprüfen kann. In der weitgehend säkularisierten Hauptstadt gibt es nur 19 Prozent Protestanten und 10 Prozent Katholiken. Entsprechend wenige Kühe sieht man im Stadtbild.

Erna war also evangelisch. Das traf sich gut. Das war ich auch. Ich wusste zwar nicht, was das hieß, aber es war gut so. Es war sicherlich schon problematisch genug, dass sie Kuh und ich Kind war, da war es gut, etwas Gemeinsames zu haben.

Erna war kein wirklich schöner Name, aber alle unsere Kühe fingen mit E an. Erna stand in einer Reihe mit Esther, Elena, Edith, Elke, Elise, Evelyn, Ellen, Elsbeth und Endivie.[6]

Sie war überwiegend schwarz, mit ein paar süßen weißen Flecken. Einen einzelnen davon mittig auf der Stirn. Erna war eine bildschöne Kuh. Sie hatte große Kuhaugen, aber das störte mich nicht, denn sie guckte mich immer freundlich an und hörte mir zu, wenn ich ihr erzählte, was ich im Sandkasten erlebt hatte, und ließ sich dabei sogar ihre Schnauze streicheln.

Kühe sind geduldige Zuhörer und können ungemein interessiert gucken. Ab und an nicken sie mit dem Kopf, kauen nachdenklich vor sich hin und sagen in regelmäßigen Abständen: »Hmmmmm«. – Eine Kuh ist die geborene Psychotherapeutin.

Kühe gucken nicht nur interessiert, sie sind sogar ungemein neugierig: Kühe auf der Weide kriegen alles mit. Jeder Spaziergänger, der schon mal eine Kuhweide passiert hat, wird die Erfahrung gemacht haben, dass ihm mindestens eine Kuh den gesamten Weg lang verfolgte. Kühe sind die Stalker unter den Nutztieren.

---

6 Wir fanden das immer doof, meine Geschwister Valerie, Verena, Viktor und ich.
Die Buchstaben im Stall änderten sich übrigens mit der Zeit. Ein paar Jahre später standen dort Lara, Laura, Lena, Leonie, Lisa, Lucy, Lotta, Liane, Lilo und Luise. Heute wäre das eine Grundschulklasse im Prenzlauer Berg.

Ich interpretierte die Neugier der Kühe stets als Ausdruck von Intelligenz. Kühe stehen unendlich lange Tage im Stall und kauen vor sich hin, da hat man ziemlich viel Zeit zum Nachdenken. Zum Beispiel über die Frage, warum man eigentlich vier Mägen hat. Überhaupt muss, wer vier Mägen hat, schon über ein mathematisches Grundverständnis verfügen. Kühe sind also sehr klug. Sie sind die intellektuellen Damen unter den Stalltieren! Man sollte sie nicht Erna oder Elena nennen, sondern lieber Elfriede Jelinek oder Hildegard Hamm-Brücher. Das würde auch etwas frischen Wind in den Hofalltag bringen:

»Hermann, Hamm-Brücher erfüllt die Milchquote nicht.«

»Walter, ich hab andere Sorgen, Jelinek ist wieder bullsch.«

»Bullsch« ist eine Kuh, wenn sie rattig ist. Sie schreit nach einem Bullen. Dazu muss man wissen: Kühe können sehr laut schreien. Regelmäßig drang das heiße Rufen der bullschen Kühe bis hoch in den ersten Stock unseres Hauses, wo ich mir in meinem Kinderbett die Höllenqualen ausmalte, die Erna und ihre Freundinnen dort unten wohl gerade litten. Dass unerfülltes sexuelles Verlangen tatsächlich zum Schreien sein kann, lernte ich erst viele Jahre später.

Kühe sind emanzipierte Tiere. Die Frau schreit, und der Mann kommt. In diesem Fall aber kein stattlicher Bulle, sondern Holger, der schlaksige Besamungstechniker.

Besamungstechniker ist ein seltsamer Beruf. Die Bezeichnung klingt ein wenig nach Callboy, was in gewisser Hinsicht auch stimmt: Man ruft ihn an, und dann besorgt er's der Kuh. Besamungstechniker sind staatlich legitimierte Sodomiten, die es für Geld machen. Er gibt der Kuh das Sperma desjenigen Bullen, den der Bauer vorher im Katalog ausgesucht hat. Die hießen meistens Vincent, Leon, Dragon oder Hartmut.[7]

Manchmal frage ich mich, was es mit einem macht, wenn man schon als Dreijähriger mit ansehen muss, wie Holger, der Besamungstechniker, seinen Arm bis fast zum Schultergelenk im Popo einer Kuh versenkt. Solche Bilder wird man zeitlebens nicht mehr los.

Natürlich verstand ich irgendwann, dass diese Tätigkeit in einem gewissen Zusammenhang mit späteren Kälbergeburten stand. In Bezug auf Kühe war ich sehr früh aufgeklärt. Der Transfer auf den Menschen brauchte allerdings noch etwas länger.

Erna hatte schon viele Kälbchen geboren. Sie war eine erfahrene Kuh und schon lange bei uns im Stall. Inzwischen gab sie immer weniger Milch als ihre jüngeren Kuhsinen, deren Euter so prall unter dem Körper hingen, als wären sie mit Silikon aufgepolstert. Erna erfüllte die Milchquote nicht mehr. Mein Vater wollte sie weggeben.

Das konnte ich natürlich nicht akzeptieren. Ich wollte, dass Erna mit einem allerletzten Kälbchen gemeinsam auf der Weide herumtollen und irgendwann einen friedlichen Kuhtod sterben durfte. Ich hab meinen Vater angefleht, Erna zu verschonen, weil sie meine Lieblingskuh war. Aber Lieblingskühe gibt es in der Landwirtschaft nicht.

---

7 Heute gibt es keine Kataloge mehr, heute läuft das alles online über Stier-Book, MyOchs und ZuchtbullenVZ.

Irgendwann musste ich mit traurigen Augen mit ansehen, wie Erna ein letztes Mal den Stall verließ, zur Weide guckte und dann etwas unschlüssig vor dem Viehanhänger stand, in den sie nun offenbar hinein sollte. Dann drehte sie ihren Kopf noch einmal in meine Richtung und guckte mich mit ihren großen Augen traurig an. Ich brach in Tränen aus, und mein Vater gab sich Mühe, Erna nicht allzu unsanft in den Viehanhänger zu bugsieren.

Ein paar Tage später gab es bei uns Nudeln mit Gulasch – eins meiner Leibgerichte. Ich haute rein, und beiläufig sagte mein Vater: »Das ist übrigens Erna.«

Es sind wohl dies die Verletzungen, die ein Kind zum Manne reifen lassen. Ich jedenfalls habe in diesem Moment eine wichtige Lektion fürs Leben gelernt: Liebe geht durch den Magen.

Ich war ein
schlechter Bauer

»Du kannst ja *wirklich* nicht fahren!«, maulte mein Fahrlehrer, als wir den Fahrschulgolf gemeinsam aus dem
Straßengraben schoben.

»Hab ich doch gesagt«, äußerte ich beschämt und hätte am liebsten losgeheult.

»Du kannst ja gar nicht fahren« ist ein äußerst däm-
licher Satz für einen Fahrlehrer zu Beginn der ersten
Fahrstunde.

Ich war bis dato schon vielen dummen Lehrern begeg-
net, aber zu erwarten, dass man das, was sie einem erst
noch beibringen sollten, schon beherrschte, gelang nicht
einmal den dämlichsten Studienräten auf meinem Gymnasium.[8]

Doch der Satz »Du kannst ja gar nicht fahren« stand
argumentativ in der Reihe mit: »Du bist ja Bauernsohn,
da lernt man doch früh Treckerfahren.« Das hatte mein

---

8 Dafür gelang es später vielen meiner Universitätsprofessoren, mit ebenso
sturem wie paradoxem Irrglauben stets davon auszugehen, man studiere ein
Fach genau deshalb, weil man schon alles darüber wisse.

Fahrlehrer ausgesprochen, als ich in seinen schwarzen Golf eingestiegen war.

»Nö, ich hab keinen Treckerführerschein«, erklärte ich so kleinlaut wie wahrheitsgemäß und rührte mit dem Schaltknüppel, als wollte ich Kuchenteig glattrühren. Das konnte ich.

»... aber fahren kannste doch sicher«, stellte mein Fahrlehrer mit einem jovialen Tonfall in der Stimme fest, der keinen Widerspruch duldete.

»Stärker schieben!«, rief er nun. Der Straßengraben war gut feucht und der Vorderreifen bis zur Felge in die Grasnarbe eingesunken. Ich überlegte, ob ich meinen kleinen Bruder holen sollte, damit er uns mit dem Trecker aus dem Graben zog. Er würde das problemlos schaffen, aber mit seinen elf Jahren durfte er noch nicht auf öffentlichen Straßen fahren.

Erst das Treckerfahren, dann die Schambehaarung. So sieht's die Pubertät auf dem Land vor. Mit vier Kettcar, mit sechs Trecker, mit sechzehn und großem Deutz-Schlepper und zwei Anhängern durch jeden Kreisverkehr – oder im Winter auch mal zur Schule –, mit siebzehn die Führerscheinprüfung ablegen, zum achtzehnten Geburtstag Opas alten Opel erben und dann nichts wie los zum TuS-Bockbierfest in der Mehrzweckhalle Bröckelberg-Hasenloh, um seinen Namen ein paar Tage später auf einem hübsch geschmückten Holzkreuz neben einem Straßenbaum wiederzufinden – oder, wenn man Pech hatte, in der Nachschulung beim alten Fahrlehrer.

Mein jüngster Bruder liebte das Treckerfahren. Damit war er natürlich Papas ganzer Stolz. Das war insofern beruhigend und gerechtfertigt, als unser Hof zu einer kleinen Enklave im Ostwestfälischen gehörte, in der aus unerfindlichen Gründen ein Letztgeborenenerbrecht überliefert ist.

Das war im Grunde tragisch, denn natürlich wollte ich anfangs auch mal Bauer werden. Ich konnte schon Kühe melken, ich sparte auf meinen ersten Mähdrescher, ich konnte Schweine schlachten mit bloßen Händen. Dann wurde mein Bruder geboren. Damit war mein erster Lebensentwurf schon gescheitert, und ich war erst zwei.

Ich gab die Landwirtschaft auf und fügte mich meiner Bestimmung. Es war ja nicht schlimm, wenn der älteste Sohn landwirtschaftlich versagte, denn der wurde eh aufs Gymnasium abgeschoben, um sich als Anwalt oder Chefarzt durchs Leben zu schlagen.[9]

»Könnten Sie mir es sicherheitshalber noch mal erklären?«, hatte ich meinen Fahrlehrer vorsichtig gebeten. »Nur zur Auffrischung. Sieht hier ja doch alles etwas anders aus als auf einem Trecker.« Als hätte ich das Steuer eines Traktors in den letzten vier Jahren auch nur einmal angefasst ...

Natürlich hatte ich das mit dem Treckerfahren mal ausprobiert, war aber an mir und Gerät gescheitert.

Ich bin wirklich kein Grobmotoriker, aber wenn man meine Gliedmaßen durch technische Gerätschaften in allerlei Richtungen um mehrere stählerne Meter verlängert, tue ich mich mit der Koordination schwer, vor allem wenn

---

9 Oder als Autor und Kabarettist.

man zur Handhabung dieser fernen Glieder auch noch diverse Schalthebel korrekt bedienen muss.

Mein Angstgegner war der Pflug: Pflüge sind dazu da, den Acker umzubrechen. Dummerweise enden Äcker meist recht abrupt an Wegen und Straßen, sodass man eine Kehre fahren muss, um dann wieder in die Richtung, aus der man gekommen ist, weiterzupflügen. Der geübte Treckerfahrer weiß, dass man gut daran tut, vor dem Wendemanöver auf Nachbars Hofzufahrt den Pflug zuvor aus dem Boden herauszuheben – ansonsten bleibt Bauer Lünkenschroth mit seinem Mercedes 190 in der Furche stecken.

Der geübte Treckerfahrer weiß auch, dass sein Gefährt, während man selbst konzentriert auf den frisch geackerten Boden hinter sich schielt, um nicht schon wieder die Grenze zwischen Acker und Lünkenschroths Hofzufahrt zu verpassen, vorne einen Frontlader hat, der in den seltensten Fällen unter den Apfelbäumen des Nachbarn hindurchpasst.

Mir fiel der Frontlader erst wieder ein, als mehrere Tonnen unreifer Ingrid Marie auf die Kühlerhaube des Treckers prasselten. Ein Geräusch wie im Krieg. Ich erschrak dermaßen, dass ich weder daran dachte, mein Gefährt anzuhalten, noch den Pflug rechtzeitig aus dem Boden zu heben; stattdessen verwechselte ich souverän Bremse und Gaspedal.

Als ich endlich zum Stehen gekommen war, blickte mein hochroter Kopf mitten in die Gesichter einer Traube von Schaulustigen: Alle Kühe auf Lünkenschroths Weide knubbelten sich am Zaun und starrten mich an. In diesem Moment habe ich gelernt, dass Kühe durchaus in der Lage sind, amüsiert zu grinsen.

Am Abend pflückte mein Vater einen stattlichen Ingrid-Marie-Ast aus dem Frontlader des Treckers, besserte zwei Tage lang Lünkenschroths Hofzufahrt aus, bezahlte die neue Achse des Mercedes 190, stellte mich bis auf Weiteres vom Treckerfahren frei und Helmer Lünkenschroth mit einer Kiste Steinhäger[10] ruhig, die er mir vom Taschengeld abzog.

»Is ganz einfach«, hatte mein Fahrlehrer gesagt, woraufhin er die Bedeutung der Pedale zu meinen Füßen im Affentempo herunterrasselte, damit wir anschließend im Schneckentempo vom Hof hoppeln konnten.

»Jetzt mach dir nicht ins Hemd! Du kannst das doch, bist doch Bauernjunge!«, nölte mein Fahrlehrer. »Drück mal 'n bisschen auf die Tube!«

Ich schaute kurz nach, welches Pedal wohl die Tube sein sollte, fand es und betrachtete interessiert meinen Fuß, wie er es hinunterdrückte, während das Auto prompt einen Satz nach vorne machte. »Hochgucken!!! ... und lenken!«, hörte ich noch neben mir. »LENKEN !!!« – Zu spät. Mit Anlauf hüpften wir in den Straßengraben, Tagesbestleistung im Golf-Weitsprung.

Konsterniert schüttelte mein Fahrlehrer den Kopf: »Ich fass es nicht, ein Bauernsohn, der nicht fahren kann ...«

Man kann es nicht anders sagen: Ich war ein schlechtes Bauernkind. Das begann schon, als ich ganz klein war

---

10 Mindestens 38%iger Wacholder-Schnaps aus Steinhagen am Teutoburger Wald, der Parallelen zu Atommüll aufweist: Nach dem Ende des Brennvorgangs wird er aus Sicherheitsgründen einbetoniert in einem Steingutgefäß.

und keine Kuhmilch trinken wollte, weder gekühlt noch euterwarm. Ich brauchte Geschmackszusätze. Milchtechnisch ging bei mir ohne Kakaopulver gar nichts.[11] Mein Papa ließ mir diese Extravaganz durchgehen. Wer selbst permanent Ketchup auf Käse und Marmelade auf Leberwurst schmierte, musste in diesem Punkt einfach tolerant sein.

Mit dem Grundschulalter verlor ich mein Interesse an Landwirtschaft völlig. Niemand in meiner Schulklasse kam sonst vom Bauernhof. Ich war der Alien vom Planeten Acker – und sah auch so aus. Ich bin zwischen meinem dritten und vierzehnten Lebensjahr immer nur in einer rostroten Cordlatzhose rumgelaufen. Rost, Rot, Cord, Latz – viermal scheiße aussehen in einem!

Ich wollte mich von meiner bäuerlichen Existenz emanzipieren. Als Kind verschlang ich Bücher, sparte mein gesamtes Taschengeld, bis ich in der *Bücherstube Lampe* 5,50 DM in Groschen für das neueste »Pitje Puck«-Buch auf den Teller zählte. Darin ging es um einen Briefträger in einem Dorf. Was für ein schönes Leben!

Mein Vater hingegen blätterte einmal wöchentlich das *Landwirtschaftliche Wochenblatt* durch und konnte, wie ich als Kind immer wieder mit Erschrecken beobachtete, nicht mal seinen Namen richtig schreiben! Seine Unterschrift bestand aus einem »S« und einem langen Strich dahinter!

Ich dagegen war schon im Grundschulalter permanent bemüht, mir eine Signatur mit möglichst viel Cha-

---

11 Bis heute.

rakter auszudenken. Wenn man in verstaubten Kartons auf dem Dachboden unseres Bauernhauses alte Schulhefte von mir finden sollte, kann man sicher sein, dass das eingelegte Löschblatt vollgekritzelt ist mit schwungvollen Unterschriftsprototypen.

Landwirtschaft und ich, das hatten mich Lünkenschroths Apfelbaum der Erkenntnis und die Ingrid-Marien-Erscheinung auf der Kühlerhaube gelehrt, wir passten einfach nicht zusammen.

Ich war juveniler Literat und Poet, kein Bauer! Ich interessierte mich für Literatur, Politik und Sinnfragen, die über den Horizont des eigenen Ackers hinausreichten! Ich verschrieb mich der Schülerzeitung und kirchlicher Jugendarbeit, und mein Vater tolerierte all diese Eskapaden mit westfälischem Gleichmut.

Schwerer war für ihn mein Coming-out zu verkraften. Denn mit fünfzehn musste ich mir und meinen Eltern eingestehen, dass ich Pollenallergiker war. Ich, ein Bauernsohn – mit Heuschnupfen. Und zwar ausgerechnet und allergologisch beglaubigt, gegen Gräser und Getreide. Ich bin bis heute fest davon überzeugt, dass mein Heuschnupfen meine Familie mehr getroffen hat als später mein echtes Coming-out. Schlimmer wäre wohl nur noch eine Laktose-Intoleranz gewesen.

Erst kam der Heuschnupfen, dann kamen die Grünen. Für meinen Vater eine logische Entwicklung: Erst rebellierten Nase und Augen gegen die Landwirtschaft, dann wurde auch das Hirn weich. In dieses weiche Hirn war allerdings auch schon jede Menge Christentum hinein diffundiert, sodass sich bei mir Ökologie und Glaube zu einer nur schwer erträglichen Mischung vereinigten. Mit dem pastoralen Sendungsbewusstsein eines Fünfzehnjährigen versuchte ich, meinen Vater zum Ökolandbau zu bekehren oder in Diskussionen über den, wie ich fest glaubte, unmittelbar bevorstehenden globalökologischen Totalkollaps hineinzuziehen.

Doch einen westfälischen Bauern ficht so etwas nicht an. Wem jeder Herbststurm die halbe Scheune abdeckt und die Obstbäume in der Wiese flachlegt, wem der Wind im Winter derart durch die Fensterritzen zieht, dass die Usambaraveilchen innen von der Fensterbank wehen, der hat auch keine Probleme, sich jedem Sturm der pubertären Entrüstung mit westfälischer Ruhe entgegenzulehnen.

Wie viele Heranwachsende hatte ich immer das Gefühl, mein Vater nähme mich nicht für voll. Vermutlich hatte auch mein Vater das Gefühl, dass ich ihn nicht für voll nähme. Was natürlich auch stimmte. In die eine wie die andere Richtung. Auch wenn mich meine gesamte Jugend hindurch das leise Gefühl beschlich, irgendetwas stimme mit mir nicht, in diesem Punkt schien meine Pubertät ganz normal zu verlaufen.

Einmal hat mir mein Vater bescheinigt, meine mittlerweile schulterlang gewachsenen Haare sähen »eklig« aus. Ich reagierte der Situation angemessen – also mit einem testosterongeschwängerten Wutanfall inklusive Gegenbeleidigung und heftigem Türenschlagen.

Doch wenn ich heute mein Führerscheinfoto aus besagter Zeit sehe und auf aschblonde Haare mit sichtbarem Spliss blicke, die beidseits der ererbten, schon damals hohen Geheimratsecken strähnig herabtropfen, geht es mir ein wenig wie Dorian Gray. Jedes Mal, wenn ich dieses Bild sehe, habe ich das Gefühl, es ist schon wieder hässlicher geworden.

Immerhin, sage ich mir auch jedes Mal, den Führerschein habe ich im ersten Anlauf bestanden – und das ganz ohne Treckerfahren gekonnt zu haben.

»Und? Wie machen wir jetzt weiter?«, hatte mein Fahrlehrer konsterniert gefragt, als wir den Wagen wieder auf die Gemeindestraße geschoben hatten und der Morast von unseren Schuhen in den Fußraum des schwarzen Golfs tropfte. Ich rührte verlegen mit dem Schaltknüppel den ersten Gang rein und sagte: »Tun Sie doch einfach so, als wäre ich eine Bauerntochter.«

Das Schweigen
der Hennen

Landkinder sehen Tiere mit anderen Augen. Sie lernen schon früh: Tiere auf einem Bauernhof haben einen Zweck. Sie sind zu etwas da. Weil Getränke aus ihnen rausfließen (Kühe), weil Frühstückseier aus ihnen rausplumpsen (Hühner), sie sind da, weil sie Schnitzel auf vier Beinen sind (Schweine), oder sie sind einfach da, weil sie es selbst so wollen und einen so lange drollig anschauen, bis man weich wird und ihnen täglich Essensreste bringt (Hofkatzen). Mögen auch Tierrechtsaktivisten von PETA & Co jeden noch so urigen Bio-Bauernhof als Guantanamo der Nutzviehhaltung ansehen, sich nackt auf dem Potsdamer Platz mit Sojamilch übergießen und skandieren: »Gebt den Kälbern ihre Milch zurück!«, als Kind hätte ich solche Aktionen nicht verstanden.[12]

Ich hänge der agrarromantischen These an, dass in bäuerlichen Kleinbetrieben dem Einzeltier weit mehr Respekt entgegengebracht wird als in EU-genormten

---

12 Und als Erwachsener verstehe ich sie immer noch nicht.

Agrarfabriken. Tiere sollten Namen haben und keinen Strichcode. Und über die Jahrhunderte wusste jeder kluge Bauer: »Geht es den Tieren gut, geht es mir gut.«[13]

Bei uns auf dem Hof waren die Tiere überwiegend glücklich. Sicher, kurz vor der Schlachtung war mutmaßlich kein Tier wirklich glücklich. Aber die Zeiten, in denen altersschwache Tiere noch von Wölfen gerissen wurden, sind lang vorbei, heute muss der Fleischwolf ran.

Andererseits blieben den Tieren natürlich auch diverse Alterserscheinungen erspart. Altersflecken würden bei Kühen zwar nicht groß auffallen, aber eine Kuh mit Dreifußkrücke auf der Weide möchte man ebenso wenig sehen, wie man beim Abnagen einer knusprig goldgelb durchgebratenen Hähnchenkeule auf ein künstliches Hüftgelenk aus Edelstahl beißen mag.

Das hätte bei uns auf dem Hof sogar vorkommen können, denn wir hatten ein paar Hühner, die waren aber mehr das Hobby meiner Oma und in etwa genauso alt. Unser Hühnerstall war eine Art Seniorenstift für privilegierte Legehennen.

Ich war zu dieser Zeit noch sehr jung, vielleicht zwei oder drei Jahre alt. Aber das Erinnerungsbild, dass unseren ockerfarbenen Opel Rekord auf dem Hof ein paar ockerfarbene Legehennen umsprangen, ist mir präsent wie eh und je. Ich selbst trage auf diesem Bild selbstredend eine ockerfarbene Cordlatzhose.

---

13 Leider gab es immer auch dumme Bauern. Manchmal beschleicht mich das Gefühl, dass die Industrialisierung der Landwirtschaft vornehmlich den dummen Bauern genutzt hat. Deshalb sind die Kartoffeln im Supermarkt heute auch dicker als früher.

Die betagten Hennen waren freilaufend, sie durften täglich ein paar Ründchen an der frischen Luft drehen, sie gluckten und gackerten vor sich hin, pickten hie und da ein paar Körner auf und belohnten meine Oma auf die allseits alten Tage mit dem ein oder anderen Ei. Gemeinsam mit meiner Oma, zusammen brachten wir es auf knapp fünfundachtzig Jahre, robbte ich dann im Hühnerstall auf Knien durchs Stroh und suchte nach frischen Eiern. Im Hühnerstall war das ganze Jahr über Ostern.

Doch das Alter schlug erbarmungslos zu: Ab und an fiel ein betagtes Huhn von der Hühnerleiter und brach sich den Oberschenkelhals oder wollte dement vor sich hin muhend den Kühen auf die Weide folgen. Manche Tiere legten nur noch so bezeichnete »Windeier« – quabbelige Gebilde, die entstehen, wenn das Huhn beim Ei die Schale vergisst. Bei Hühnern führt Verkalkung quasi zur Entkalkung. Die Eier sind dann nur mit einer ganz dünnen Membran umhüllt. Ein paar Jahre später lernte ich diese Naturprodukte schätzen als wirkungsvollen Ersatz für Wasserbomben.

Schlug das Alter zu, musste die Henne den letzten Weg ihres Lebens gehen: in die Suppe. Die letzten Schritte dorthin tat ein Huhn traditionell kopflos. Dazu muss man wissen: Es gehört zu den faszinierendsten Eigenschaften des modernen Haushuhns, dass es auch dann noch aufgeregt über den Hof zu flattern in der Lage ist, wenn es zuvor gerade enthauptet wurde. Kleine Kinder haben noch kein wirkliches Empfinden für Leben und Tod, und so gehört es bis heute zu den erhabensten Erinnerungen meiner gesamten Kindheit, wie ich mit meinen zweieinhalb Jahren bei uns auf dem Hof stand, und um mich herum tanzten kopflose Hühner Ballett, machten auf sterbenden Schwan, bis sie mit einem Mal taumelten und auf die Nase fielen (wenn sie noch eine gehabt hätten).[14] Meine Oma sammelte die Leiber dann auf und rupfte sie.

Dann schlug das Alter wieder zu, diesmal bei meiner Oma. Sie bekam es mit dem Herzen und musste die Hühnerzucht aufgeben. Ein letztes Mal torkelten kopflose Federviecher über unseren Hof, dann wurde der Hühnerstall umgebaut zur Autogarage, der ockerfarbene Opel Rekord wurde durch einen roten VW Passat ersetzt. Mit ihm fuhr meine Mutter dann einmal in der Woche zu Bauer Lodemann zum Eierholen. Lodemanns galten als fortschrittliche Bauern, denn sie hatten sogar eine Legebatterie.

Mit Marcus Lodemann war ich befreundet. Wir waren im Kindergartenalter und spielten manchmal in der Legebatterie, drehten Runden um die in vier Stockwerken aufgebauten Käfigreihen. Das für mich heute Kuriose ist: Damals empfand ich weder Mitleid mit den Tieren noch Ekel. Das war bei Lodemanns einfach so: Hühner saßen in Käfigen und machten Eier. Dass bei uns auf dem Hof Hühner anders ausgesehen hatten, wusste ich, aber für eine differenzierte Bewertung war ich vermutlich noch zu jung. Außerdem war die Legebatterie besser als jede Geisterbahn. Vermutete ich zumindest, denn in die Geister-

---

14 Ein paar Jahre später hörte ich vom Tod des legendären Piraten Klaus Störtebeker, der der Legende zufolge nach seiner Enthauptung noch mehrere Schritte gemacht haben soll, und kam zu der Überzeugung, dass Störtebeker folgerichtig ein Huhn gewesen sein muss.

bahn auf der Dorfkirmes durfte ich nie rein, aber die Tür zu Lodemanns Legebatterie stand oft genug offen. Und der Gruselfaktor war greifbar: Wenn man in den dunklen Stall eintrat, schlugen einem sofort ein stechender Geruch und stickige Luft entgegen. Dann reckten wir uns zum Lichtschalter, und während die Neonröhren blinzelnd ansprangen, durchfuhr ein aufgeregtes Geflattere und Gegackere den Stall wie eine plötzliche Windbö. Wenn wir dann zwischen den Käfigen hin und her liefen, reckten sich, vierstöckig aufgestapelt, halb gerupfte Hühnerköpfe zu uns herab und beäugten uns aus neugierig aufgerissenen Augen.

Manchmal tauchte hinter einer der Käfigreihen die alte Ilsegred Döppenkamp auf wie ein Gespenst – eine steinalte Frau, die auf dem Lodemann'schen Hof lebte, immer ganz in Schwarz gewandet und weit nach vorn übergebeugt in schwarzen Gummischlappen durch den Hühnerstall schlurfte. Nie sprach sie mit uns, stattdessen atmete sie schwer rasselnd vor sich hin. Sie war die Darth Mudder der Legebatterie. Zweimal am Tag sammelte sie die Eier ein und brachte sie zur Sortiermaschine im Vorraum.

Dieses Gerät gehörte zu den spannendsten Dingen auf dem ganzen Lodemann'schen Hof. Ich konnte stundenlang dabei zuschauen, wie alle gesammelten Eier sorgsam auf einen Eiersammelplatz gelegt wurden, von wo aus sie dann loseierten, leise weitereilten, beidrehten und auf kleinen Greiferchen eincheckten, die sie Ei für Ei – klick – klack – klick – klack – weiterreichten an weitere Greiferchen, bis ein Greiferchen mal einknickte und das Ei sanft in ein Fach für Güteklasse 1B oder 2A rein-

torkeln ließ, von wo aus es per Hand auf Eierpappen um-
gebettet wurde.

Am Ende der Greifärmchenkette gab es ein Fach für
aussortierte Eier. Da lagen dann zu kleine, zu dicke,
kugelrunde oder obszön deformierte Eier. Aus diesen
unförmigen Huhnkartoffeln wurde dann im Hause Lodemann Kuchen gebacken. Ich weiß nicht, wieso, aber
geschmeckt hat er mir nie.

Pelles Himmelfahrt

Hier musste es doch sein! Verzweifelt versuchte ich den Spaten in den Boden am Fuß der Weißdornhecke zu rammen. Was gar nicht so leicht war, denn der Spaten war um einiges größer als ich selbst, und um sein Metallblatt überhaupt ein paar Zentimeter in die Grasnarbe zu drücken, musste ich mich mit dem gesamten Gewicht meiner vier Jahre auf ihn stellen, am Spatenstiel festhalten und dann ein paar Mal auf und ab hüpfen, und dabei mit den Füßen wieder beidseits den Schaft des Spatens treffen und gleichzeitig das Gleichgewicht halten. Manchmal kratzte ich die Grasnarbe auf diese Weise leicht an, öfters verlor ich das Gleichgewicht und kippte mitsamt dem Spaten in die Weißdornhecke. Das sah sicherlich sehr lustig aus, doch lustig war mir nicht zumute. Ich weinte vor Wut, vor Hilflosigkeit, aus Verzweiflung.

»Es war doch genau hier!« Ich war mir sicher.

»KLOMP«, machte der Spaten, als er erneut nur auf einer harten Heckenwurzel landete. Wieder nichts.

Was *machte* ich hier eigentlich?

Ich wollte Pelle ausgraben, meine Lieblingskatze: ein schwarzer zutraulicher Kater mit weißen Pfoten. Vor einer Woche hatten wir ihn hier begraben, nachdem er bei einem Autounfall ums Leben gekommen war.

Mama sagte zwar, Pelle wäre jetzt im Himmel, aber ich wusste doch ganz genau, wo er war: hier, an der Hecke. Vergraben.

»KLOMP!«

Okay, *ganz genau* wusste ich es doch nicht.

Pelle hatten wir nach einem Kinderbuch benannt, genauer gesagt nach dem Pelikan aus meinen *Pixi*-Büchern »Petzi und seine Freunde«. Wieso ich auf die Idee kam, eine Katze nach einem Pelikan zu benennen, weiß ich nicht. Aber wie viele Eltern benennen heute menschliche Säuglinge nach drogenabhängigen Rockstars – viel sinnvoller ist das auch nicht.

Pelle und ich waren unzertrennlich, wir spielten gemeinsam; ich baute aus Pappkartons eine »Villa Katzenglück« und setzte Pelle hinein. Er war mein bester Freund.

Und dann suchte ich eines Morgens nach Pelle, und er war nicht da. Papa fand ihn, kam mit ernster Mine auf mich zu, so wie neulich, als er mir beichtete, dass er aus Versehen auf meinen Bagger getreten sei und mein Lieblingsspielzeug nun kaputt wäre. Im Grunde war es diesmal nicht anders. »Überfahren«, lautete seine medizinische Diagnose, und er meinte, ich müsse jetzt sehr tapfer sein.

»KLANK!« – Diesmal knallte der Spaten auf einen dicken Kalkstein im Boden.

Mir schossen wieder Tränen in die Augen. Aber irgendwo hier musste es sein! Oder doch zwei Meter weiter? Wie weit waren wir letzte Woche die Hecke bloß entlanggegangen? Ich hatte den Spaten getragen, Papa hatte Pelle getragen, ganz vorsichtig, eingeschlagen in einen alten Kartoffelsack. Noch mal sehen durfte ich Pelle nach seinem Autounfall nicht.

»Behalt Pelle lieber so im Gedächtnis, wie du ihn kanntest«, hatte Papa gesagt.

Wir hatten ein Loch gegraben und den Kartoffelsack mit Pelle vorsichtig hineingelegt, dann hatten wir das Loch wieder zugemacht, ich durfte die ersten Brocken Erde drauf werfen, zuletzt hatte Papa das Stück Grasnarbe genau so auf das Loch gesetzt, dass es passte und man nichts mehr sah. Heute würde man sagen: Wir hatten Pelle anonym beerdigt.

Ich war total beeindruckt. Papa nahm sich viel Zeit für mich, wir spielten gemeinsam »Autounfall und Beerdigung«, und ich war sogar ein wenig stolz, dabei zu sein.

»Wir haben Pelle beerdigt!«, erzählte ich dann total aufgeregt beim Mittagessen, und meine Eltern haben ein wenig komisch geguckt, waren aber insgeheim wohl ganz froh, dass ich den Tod meiner Lieblingskatze so mühelos verkraftet hatte.

Dass es nicht ganz so mühelos war, merkten sie am Nachmittag, als mir langweilig wurde und ich meinen Vater bat, Pelle doch jetzt mal wieder auszugraben, ich würde mit ihm jetzt gerne »Villa Katzenglück« spielen.

Ein langes Gespräch mit meiner Mutter sowie viele, viele Tränen folgten.

»KLONK!« – Baumwurzel.

Ehrlich gesagt, ich wusste nicht einmal, was ich mit Pelle wollte, wenn ich ihn erst einmal ausgegraben hätte. Ich wollte ihn einfach wiederhaben, und dann würde mir schon was einfallen. Vielleicht wollte ich Pelle nur noch einmal sehen, ihn noch einmal streicheln. Vielleicht auch nur die Theorie meiner Mutter überprüfen, die mir erklärt hatte, Pelle wäre jetzt im Himmel, und das, was von Pelle hinter der Hecke lag, wäre nur ein Teil von ihm, oder so ähnlich. Ganz verstanden hatte ich sie nicht.

»Komme ich auch in den Himmel, wenn ich tot bin?«, fragte ich abends meine Mutter.

»Ja, natürlich«, sagte sie, und ich wollte wissen, ob auch Hunde und Mäuse in den Himmel kämen und wie das so wäre, wo doch Hunde Katzen jagten, Katzen Mäuse jagten, Chinesen Hunde äßen und so weiter.

Jede Tierart habe ihren eigenen Himmel, klärte mich meine Mutter auf, und wir Menschen hätten auch unseren eigenen Himmel. Ich war entrüstet: Im Himmel sollten Kinder nicht mit ihren Katzen spielen dürfen? Das war ja noch schöner! Da wollte ich auf keinen Fall hin.

Somit war die Antwort meiner Mutter wohl klug gewählt, bewahrte sie mich doch davor, das nächste Auto abzupassen, um mit Pelle »Villa Katzenglück« im Himmel weiterzuspielen. Auch meine Frage, ob es im Himmel denn Pappkartons gäbe, verneinte meine Mutter unverständlicherweise. »Aber wieso nicht? Was macht denn Gott, wenn er mal was einpacken muss?«

In der Nacht träumte ich vom Himmel. Der Himmel war für mich ein riesengroßer Raum, komplett weiß, ein großer weißer Würfel. Darin standen die Leiber der Entschlafenen – und schliefen. Dabei sahen sie ein bisschen aus wie griechische Marmorstatuen, die ich mal in einem Buch gesehen hatte. Neben diesem Himmel gab es nebenan noch weitere Himmel, baugleiche weiße Würfel: Himmel für Katzen, Himmel für Mäuse, Himmel für Hunde, Himmel für Brontosaurier. In jenem Himmel war es besonders eng: Brontosaurier dicht an dicht. Zwischen diesen Himmeln gab es große Portale, denn Gott musste ja überall mal nach dem Rechten sehen. Sie standen weit auf, aber kein Mensch schaute mal nebenan bei den Katzen rein, keine Katze guckte mal nach den Mäusen. Die Tiere schlichen laut- und lustlos umher, fraßen nicht und tranken keine Milch. Im Himmel jagt man keine Mäuse.

Am nächsten Morgen bestürzte ich meine Mutter mit der Feststellung, wenn ich mal tot wäre, würde ich nicht in den Himmel wollen, weil's da so langweilig ist.

»KLONK!«

»Autsch!« Wieder war ich mit dem Spaten in die Weißdornhecke gekippt. Ich heulte nun auch noch vor Schmerzen. Zerknirscht wie zerkratzt gab ich auf. Mutlos zog ich den schwer gewordenen Spaten hinter mir her.

Ich hatte Pelle nicht gefunden. Er war weg. Vielleicht war er ja doch im Himmel. Der Arme!

Magische Phase

Vor kurzem hörte ich davon, dass Kinder zwischen dem dritten und fünften Lebensjahr eine magische Phase durchleben, eine Lebensspanne, in der in der kindlichen Logik alles möglich scheint: Osterhasen und Weihnachtsmänner existieren ebenso wie Monster unter dem Bett, Beobachtungen werden addiert, Parallelen gezogen, und wenn man weint, weil man traurig ist, dann müssen, wenn es regnet, die Wolken wohl traurig sein. Völlig logisch eigentlich. Und irgendwie auch ein bisschen poetisch.

So poetisch war ich damals nicht. Von mir ist nur ein solcher Ausspruch magischen Denkens überliefert, und der ist eher landtechnischer Natur: Wenn Trecker dröhnen, weil sie einen Motor haben, und meine Lieblingskatze immer so laut schnurrt, dann hat meine Katze wohl einen Motor im Bauch. Völlig logisch eigentlich, aber wenig poetisch. Doch die Ironie die Schicksals zieht manchmal boshafte Fratzen: Bald darauf wurde die Katze mit Motor im Bauch ausgerechnet überfahren.

Was war sonst noch so in meiner magischen Phase? –
Ich starte einen Versuch.

»Sagt mal«, frage ich meine Eltern bei einem meiner
Besuche, »könnt ihr euch noch an meine magische Phase erinnern?«

»Magische Phase?« Mein Vater grübelt. »Nein. Wir
wollten dir mal einen Zauberkasten schenken, aber so
was interessierte dich nicht.«

»Ich meine, als ich vier oder fünf war. Gab's da Monster unter meinem Bett? Wo hab ich magisches Denken
gezeigt?«

»Wat?«

»Oder wovor hatte ich als Kind eigentlich so Angst?«

»Angst? Keine Ahnung«, sagt mein Vater und fügt an:
»Also der Finn hat Angst vor Gewitter.«

Finn ist mein Neffe, erstes Enkelkind meiner Eltern.

»Ja und *ich*?«

»Und vor Kühen hat der Finn auch Angst.«

»Aber wisst ihr noch, wovor *ich* Angst hatte, als ich so
alt war wie Finn?«

»Also ganz besonders hat der Finn Angst vor Kühen
bei Gewitter.«

»Und *ICH*?«

»Du hattest ja nie Angst vor Kühen.«

Nein, wieso auch? Ich war mal verliebt in eine Kuh,
und sie mochte mich auch. Da bin ich mir heute noch
sicher! Dass eine Kuh zwanzigmal größer war als ich,
machte mir trotzdem keine Angst. Kühe waren gutmü-
tig. Unheimlich waren Kühe nur im Dunkeln. Wenn
man nachts über eine dunkle Deele ging, an der aufge-
reiht dreizehn Kühe standen, dann spielten deren zwei-

undfünfzig Mägen Nacht für Nacht eine düstere Mond-
scheinsonate der Verdauung. Dazu das Rasseln des
Geschirrs, in welchem sie in ihren Boxen standen. Das
klang schon unheimlich.

»Was hab ich denn sonst noch so gemacht in meiner
magischen Phase?«

»Weißt du das denn selber nicht?«

»Nur ganz wenig. Ich weiß noch, ich wollte mal dem
Osterhasen auflauern.«

»Du wolltest dem Osterhasen auflauern?«

»Ja, ich wollte ihn dabei beobachten, wie er mir ein
Osternest vor die Tür stellt.«

Ein Osternest mit Schokoladeneiern und Schmunzel-
hase stand Ostersonntag immer vor meiner Zimmertür.
Aber wie kam es dorthin? Peter vom Nachbarhof hatte
mich glauben machen wollen, den Osterhasen gäbe es
gar nicht, sondern in Wahrheit spielten einem das die
Eltern nur vor: eine riesengroße Verarschung. Das wollte
ich widerlegen! Daher wollte ich den Osterhasen auf fri-
scher Tat ertappen und startete in meinem Kinderzimmer eine meiner ersten wissenschaftlichen Feldstudien.

Nachdem ich ins Bett gebracht worden war, stand
ich heimlich wieder auf und schritt zur Tat. Gelegentlich durfte ich mit meinen Eltern Tierfilme im Fernsehen schauen, und da bauten sich die Naturforscher
immer einen Unterschlupf und trugen Tropenanzüge
und legten sich stundenlang auf die Lauer. Also baute
ich mir aus Decken und Matratzen in meinem Zimmer
eine kleine Bude. Von hier aus hatte ich die Zimmertür
hervorragend im Auge. Statt Tropenkleidung musste es
ein geblümter Frotteeschlafanzug tun. Dann öffnete ich

die Tür zu meinem Zimmer einen Spalt breit und legte mich auf die Lauer. Weil mir kalt wurde, nahm ich die Bettdecke mit in meine Bude.

»Und dann?«, fragt meine Mutter gespannt.

»Bin ich eingeschlafen. Und am nächsten Morgen stand ein Osternest vor der Tür.«

»Ham wir nichts von mitbekommen.«

»Natürlich habt ihr das nicht. Es war ja eine heimliche Beobachtung. Ihr habt ja sicher auch nicht mitbekommen, dass ich mal versucht habe, meine tote Katze wieder auszugraben.«

»Also der Finn, der glaubt auch noch an – *was* hast du gerade gesagt?!«

»Ich hab mal versucht, meine tote Katze wieder auszugraben.«

»Die Dingens, die Mutti beim Rausfahren aus der Garage totgefahren hat?«

»... Mama?!«

»Es war keine Absicht! Ich konnte doch nicht sehen, dass die unter dem Reifen schlief.«

»Selten blödes Vieh.«

»Und das erfahre ich erst *jetzt*?!«

»Damals konnten wir's dir doch nicht sagen.«
Schweigen.

»Also, der Finn, der spielt ja auch gern mit Katzen.«

»Ja, aber wie war das mit *mir*?«

»Du ja auch, bis ... – nun ja.«

»Du hast dich nachts oft gefürchtet«, wirft meine Mutter nun schnell ein.

Das war keine Kunst. In meinem Kinderzimmer konnte man sich sehr gut fürchten. Am unheimlichsten waren die Stromleitungen. Unser Hof war oberirdisch elektrifiziert, der Anschluss befand sich genau über meinem Kinderzimmer. Bei kalter und nasser Witterung machten die Kabel Geräusche zum Fürchten. Unheimliches Summen ging von ihnen aus.[15]

Dazu kamen die Rollläden in unserem Haus. Sie waren locker; Wind drückte gegen sie und spielte mit ihnen in ihren Führungsschienen. Überhaupt Wind: Draußen rauschte es in den Bäumen, und der ein oder andere Kauz verirrte sich auch schon mal in die dunkle Eiche vor dem Haus. So hörte ich in meinem Kinderbett nicht selten ein düsteres Nachtkonzert für Freilandleitung, Rollladen, Kauz und Eiche mit dem Wind als manischen Dirigenten:

Summm ratter ratter summm rausch wuuuhu! ratter summ summ ratter rattattattattratt wuuuhu! summ rausch. – Was brauchte ich Monster unter dem Bett, wenn ich diese Geräuschkulisse hatte!

»Aber mit dem Schlaflicht ging das besser.«

Eins der Rätsel vieler Kindheiten, wieso eine mattgrüne Funzel in einer Steckdose Ängste und Sorgen vertreibt. Und dass das Schlaflicht meine Ängste vor den Geräuschen draußen vertrieb mit genau dem Strom, der sie erst auslöste, ist zu logisch gedacht.

»Der Finn hat auch so eins.«

»Also sonst keine Geheimnisse in meiner magischen Phase.«

---

15 Physikalisch passiert dabei etwa Folgendes: Feuchtigkeit und Reif auf den Leitungen werden durch den elektrischen Strom in Schwingung versetzt, weshalb ein niederfrequentes Brummen ertönt. So erklärt es Wikipedia. In einfachen Worten: Der Strom friert und schlottert vor Kälte.

»Doch«, sagt meine Mutter, »du hattest mal eine Zeitlang ganz furchtbare Alpträume.«

»Alpträume?« Ich erinnere mich, ganz vage. Da war
irgendwas.

»Ja, ganz schlimme.«

»Und wovor?«

»Das wissen wir nicht. Das haben wir auch nie raus-
bekommen. Wir haben versucht, dich zu beruhigen und
aufzuwecken, aber wir haben dich einfach nicht wach
bekommen.«

»Und woran habt ihr gemerkt, dass ich Alpträume hatte?«

»Ach das merkt man doch: Du hast geschrien und ge-
weint, wir haben dich in den Arm genommen, aber aufwecken ging nicht.«

»Klingt gruselig.«

»War es auch. Und hinterher konntest du auch nicht
sagen, wovor du solche Angst hattest.«

»Klingt noch gruseliger.«

»War es auch.«

Doch wovor ich solche Angst hatte, wird wohl ein Geheimnis bleiben.

»Da musst du mal deinen Bruder nach fragen«, sagt
mein Vater unvermittelt.

»Wieso?«

»Ob der Finn auch Alpträume hat, das wissen wir natürlich nicht«, führt mein Vater aus. »Das wolltest du
doch wissen, oder?«

Das Paffühm

Das Landleben wird oftmals romantisiert; und je mehr die klassisch-bäuerliche Landwirtschaft industrialisierten Milchzapfanlagen, Fließbandschweinen und Fleischwerften Platz machen muss, desto stärker gewinnen Bilderbuchfantasien vom Bauernhof die Oberhand.

Was Kindern mal Ali Mitgutschs »Auf dem Lande« war, ist der Prenzl'berger Familienmutter mit zwei Kindern mit klassischen deutschen Vornamen, westdeutschem Migrationshintergrund und Kleingarten in Oranienburg heute das *LandLust*-Magazin. Bäuerliche Naturromantik als Hochglanz-Postille.

Allen *LandLust*-Leserinnen und Lesern, die mit Begeisterung glauben, ländliches Leben spiele sich zwischen bunt gestrichenen Fensterkreuzen, duftenden Gartenstauden, Quitten, Schlehen, Blauklunken und anderen vergessenen Früchten ab, sei gesagt: Auf dem Lande stinkt's. Ein Bauernhof ist nichts für Menschen, deren Nasen als einzige Reizung einen Klecks Milchschaum vom Latte Macchiato kennen.

Bäuerliche Sozialromantiker glauben, dass aus Nutztieren selbstlos Milch und Honig fließt, bis sie zum Ende ihres Lebens sanft die Äuglein schließen und zu Schnitzel und Gulasch zerfallen. So ein Bild ist natürlich völlig korrekt. Es fehlen nur ein paar winzige Details wie Bolzenschussgerät, Hormonspritzen und eine Cheops-Pyramide aus Kuhfladen.

Tierhaltung ist Stoffwechsel. Man stopft grüne Stoffe rein in die Kuh, aus den grünen Stoffen wird der weiße Stoff herausgefiltert, der läuft unten raus, der Rest kommt hinten raus als brauner Stoff und stinkt wie die Pest.

Tiere machen Gerüche. Sie kauen und verdauen. Neben jeder Literpackung Milch im Kühlregal müssten drei eingeschweißte Kuhfladen liegen, jedes Steak müsste auf einem Beet aus Dung angerichtet sein.

Auf einem Bauernhof stinkt es an allen Ecken und Enden. Tiere rülpsen, pupsen, kacken, sie stoßen auf und lassen unter sich. Es ist so ihre Art. Sie waschen sich nicht und putzen sich nicht die Zähne. Sie kennen kein Klopapier und kämen auch gar nicht dran.

Arbeit auf dem Bauernhof ist dreckige Arbeit, die sich von morgens bis abends mittelbar oder unmittelbar um den Stoffwechsel der Tiere dreht. Von wegen Jahreszeiten und Mutter Natur bestimmen den Rhythmus des Landlebens! Quatsch. Der Rhythmus des Landlebens wird gespielt von einer Hardcore-Combo, die *Stoffwechsel* heißt. Fressen, Scheißen, Fressen, Scheißen, rein, raus, rein, raus, in rauen Mengen.

»Ui, draußen ist mal wieder Landluft«, pflegte meine Mutter zu sagen, und was hochglänzend wie *LandLust* oder nach der teutonischen Duftnote eines Weichspülers klingt, meinte nicht mehr als eine große Pipikaka-Wolke, die die gesamte Bauernschaft einhüllte.

Denn irgendwohin müssen die Stoffwechsel-Endprodukte ja, die zudem gute Düngeeigenschaften haben. Also raus damit auf den Acker. Allein, es nahm überhand. Dass in Deutschland immer mehr Mais angebaut wird, geschieht ja nicht, weil bei McDonald's bald wieder mexikanische Wochen sind, sondern da Mais besonders gülle-resistent ist. Mais kann man düngen, bis die Singvögel ohnmächtig von den Bäumen kippen.

Bauer Mönckenberg hatte viele Maisäcker, mindestens einen immer in unserer Nachbarschaft. Es waren dies die Momente, in denen meine Mutter panisch aufsprang, nach draußen hechtete und die frische Wäsche von der Leine zerrte: Entweder ein plötzlich aufziehendes Gewitter am Himmel oder ein plötzlich aufziehendes Güllefass auf dem Acker nebenan. Willi Mönckenberg war Hühnerzüchter. Und wenn es unter all den unangenehmen Landlüften eine wirklich widerliche Landluft gibt, dann ist es Hühnergülle. Das ist keine Landluft mehr, das ist Landgestank, ach was, das ist Landpestilenz. Gegen Hühnergülle riecht ein Kuhfladen wie eine frisch aufgebackene Pizza Margherita. Nichts stinkt mehr nach Tod, Elend und Verwesung als die gesammelten Ausscheidungen einer Hühnerfarm.

Also zerrte Mama die frische Wäsche in Sekundenschnelle von der Leine, denn war sie nicht schnell genug (oder gerade einkaufen), wenn Willi Mönckenberg an seinem Güllefass die Schleusen der Hölle öffnete, nahmen die Hemden, Hosen und Schlüpfer das Odeur einer langsam und qualvoll innerlich vergärenden Lege-batterie an. War Mama schnell genug, kam die Wäsche in den Keller neben unsere Holzheizung und wurde sanft geräuchert. Zog ich mich für die Schule an, hatte ich oft-mals die Wahl zwischen den Duftnoten *Kaminfeuer* und *Pipi du Coque.*

Ich entschied mich stets für *Kaminfeuer.* Da bestand wenigstens die Chance, dass unser Klassenlehrer wegen des auffälligen Brandgeruchs im Raum den Feueralarm auslöste. Und während die Feuerwehr anrückte, die Ver-täfelung im Klassenraum herausriss auf der Suche nach dem vermeintlichen Schwelbrand, warteten wir draußen auf dem Schulhof, und ich rieb mich heimlich an Flie-dersträuchern, um meinen Geruch zu übertünchen.

Denn mir waren die Landgerüche zuwider. Zumal sie vor der Landbevölkerung eben nicht haltmachten. Kleidung nahm Gerüche auf. Wenn mein Vater mittags vom Feld kam, umhüllte ihn nicht selten eine Duftwol-ke aus diversen Landlüften: Tierdung oder Ackerkrume, manchmal mischte sich der staubige Geruch von Dün-gekalk oder der chemische Geruch von Pflanzenschutz-mitteln hinein.

Es ist eine fast natürliche Folge, dass wo alles schon riecht, stinkt und müffelt, man sich selbst mit der Ge-ruchsproduktion auch nicht mehr zurückhalten mag, wieso auch? Auf dem Lande wird freigiebig vor sich hin-gepupst. Wenn sich zwei alte westfälische Bauern auf dem Acker treffen, werden manchmal mehr Fürze gelas-sen als Worte gewechselt.

»Tach Wilfried.«

»Wilhelm, Tach auch.«

»Wie is?«

»Jut. Muss ja. Und dei Fru?«

»Auch.«

Bis zu diesem Punkt im Gespräch können fünf Minuten und sechs Darmwinde verweht sein. Dann steigen beide Seniorbauern mit ächzendem Gelenk und dröhnendem Popo auf ihren Schlepper und donnern los.

Ich konnte mich als Kind nie an solche Sitten gewöhnen und verkniff mir jeden noch so kleinen Pups lieber, bis ich platzte, als ihn in Gesellschaft herauszulassen. So etwas machte man nicht! Ich traute mich noch nicht einmal zu pupsen, wenn ich allein war, denn es könnte ja jederzeit jemand hereinkommen und meine olfaktorischen Spuren riechen.

Manch ein Westfale handelte jedoch lieber nach der alten westfälischen Bauernregel: »*Pupst der Bauer nicht beim ›Tatort‹ laut im Stehn, kommt heute nur 'n ›Polizeiruf Hundertzehn‹*«.

Nein, mit derlei bäurischen Ungehobeltheiten konnte ich mich wahrlich nicht identifizieren. Ich war ein Künstler! Ein Schriftsteller! Ein Ästhet! Ich war in der Theater-AG der Grundschule! Ich interessierte mich für die Natur! Ich sammelte Pflanzen und katalogisierte sie! Ich war kreatives Genie und Forscherseele, ich war die Gebrüder Grimm und die Gebrüder Humboldt – in Personalunion! Ich war Bruder Grimmboldt. Ich war die Jugend, die forschte.

Nun forschten viele Jugendliche auf dem Land. Doch während andere Kinder zweifelhaften Feldversuchen nachgingen – Fröschen die Beine ausreißen, schlafende Schmetterlinge umschubsen oder Kühe aufblasen, bis sie platzten, was man so machte als Bauernkind – hielt ich derlei Treiben für grob und unwissenschaftlich und widmete mich voll und ganz der stillen Beobachtung der heimischen Flora. Pflanzen wuchsen ruhig und kackten nicht, Pflanzen glotzten einen nicht dämlich an oder sprangen an einem hoch, um mir das Gesicht abzuschlecken, Pflanzen bissen nicht[16], Pflanzen liefen weder weg, noch musste ich vor ihnen weglaufen. Pflanzen furzten nicht, stattdessen dufteten sie oftmals. Manche stanken auch, doch nichts war ein stinkender Knöterich gegen die Hühnergülle von Willi Mönckenberg.

Ich sammelte die Pflanzen, ich pflückte sie und presste sie. Ich trocknete sie und klebte sie auf Papier. Ich steckte sie in Klarsichtfolien und Alben. Aus Liebe zur Natur hielt ich mich stundenlang in meinem schummrigen Studierzimmer auf.

Allein, der Duft der Blüten ließ sich nicht so recht pressen. Sobald die Pflanze platt und trocken war, verlor sie ihren Duft. Es sei denn, ihr Stängel war doch nicht ganz durchgetrocknet, dann trug die Pflanze irgendwann in ihrer Klarsichthülle einen weißen Pelz und müffelte. Daraufhin klebte ich die Klarsichthülle mit Tesafilm zu, und auch wenn sie sich danach etwas blähte, es müffelte zumindest nicht mehr.

Irgendwann sah ich in der *Sendung mit der Maus* einen Bericht, wie Parfüm hergestellt wurde. Parfüm – das war im westfälischen Wortschatz ein ungebräuchliches Wort, das mit zwei »f« und gedehntem »ü« geschrieben wurde und das, wenn überhaupt, nur abfällig eingesetzt wurde,

---

16 Ausgenommen die Brennnesselböschung, in die ich einmal mit dem Fahrrad gefallen bin.

wenn jemand zu überkandidelt daherkam. Der Ostwest-
fale ist pragmatisch. Warum sollte man »Kölnisch Wasser« plötzlich »Paffühm« nennen, wenn man ebenso gut
»Kölnisch Wasser« sagen konnte?

Doch mich zog der Begriff von nun an in den Bann.
Parfümeur, hatte ich gelernt, war ein ganz besonderer
Beruf, den nur sehr wenige auserwählte Menschen beherrschten. Nichts lag ferner als der Gedanke, dass ich
nicht dazu gehören könnte. Parfümeur, ja, das wäre eine
passende Ergänzung zu meinem Selbstbild als Volker
von Grimmboldt.

Noch eine weitere Information aus der *Sendung mit
der Maus* reizte mich: Parfümeure beherrschten offenbar
die Kunst, die allerlieblichsten Gerüche von Pflanzen in
Duftwässerchen zu konservieren. Ich dachte daraufhin,
was man als Kind in solchen Momenten wohl immer
denkt: »So schwer kann das doch gar nicht sein.«

Im Schuppen neben der Scheune richteten mein
Schulfreund Jan und ich unsere Parfümerie ein. Wir
schleppten alte Würstchen-, Senf- und Gurkengläser in
den Schuppen, dann gingen wir auf einen langen Spa-
ziergang über die Wiesen und Felder und pflückten die
am besten riechenden Blumen. Mit unserer Ausbeute an
Sauerampfer, Taubnessel, Hahnenfuß und Ackerwinde,
Kamille, Kornblumen, Klee und Klatschmohn, Löwen-
zahn und Buschwindröschen kehrten wir in den Schuppen zurück. Sogar ein paar Rosen- und Dahlienblüten
hatten wir heimlich im Garten geklaut.

Dann starteten wir unsere Versuche. Zunächst rissen
wir von allen Blumen die Blüten ab. Einige ließen wir
direkt in die Konservengläser fallen und gossen Wasser

drüber. Parfüms, hatte ich im Fernsehen gesehen, waren schließlich durchsichtig und flüssig. Also musste jetzt nur noch die Blume den Geruch ans Wasser abgeben. Das würde sie schon mit der Zeit tun, schlossen wir logisch. Damit der Geruch auch ja keine Chance hatte, zu entwischen, verschraubten wir das Glas ganz fest.

Blüten abreißen, mit Wasser aufgießen und in Gurkengläsern einschließen, ist keine sehr erfüllende Beschäftigung. Die Parfümeure im Fernsehen hatten deutlich beschäftigter ausgesehen. Irgendwie musste der Geruch noch auf anderem Wege aus den Blüten rauszukriegen sein.

Also machten wir uns daran, die Blüten zwischen zwei dicken Steinen auszupressen, der Geruch würde schon irgendwie raustropfen. Irritierenderweise kam aus einer kleinen, obschon äußerst intensiv duftenden Blüte so gut wie gar keine Flüssigkeit raus. Aus manchen kam derart wenig, dass wir gleich den Rest der Pflanze mit ausquetschten.

Wir sortierten die Blumen, überlegten, welche von ihnen gut zusammen röchen und zermörserten diese dann miteinander und kippten den Brei in die nächsten Senf- und Würstchengläser.

Eine Zutat allerdings fehlte noch zu unserem Erfolg: Parfüm enthalte auch Alkohol, hatten sie in der *Sendung mit der Maus* gesagt.

»Das darfst du nicht, da ist Alkohol drin«, sagten die Erwachsenen immer, wenn ich auch etwas von ihrem Bier haben wollte. Also stibitzte ich aus unserem Keller eine Flasche Herforder Pils. Bierkenner werden einwenden, das sei keine sonderlich gute Wahl gewesen. Parfümeure ebenso. Sicherheitshalber nahm ich noch die Flasche Steinhäger mit, die neben dem Bier stand.

Wir machten das Bier auf, fanden aber, dass Herforder Pils so gar nicht nach Parfüm roch. Mir wurde langsam klar, wieso neulich ein Nachbar Papas Bier abgelehnt hatte mit den Worten, das sei doch nur »Bauarbeiterpisse«. Schlimmer konnte Bauarbeiterpisse eigentlich auch nicht riechen.

Doch Alkohol war Alkohol, das gehörte zum Rezept, und wenn Mama Bittermandel in den Kuchenteig träufelte, roch das auch nicht gut. Also träufelten wir Bier in einige Gläser. Dann nahmen wir erst unseren Mut zusammen und dann jeder einen Schluck aus der Herforderpulle. Wir spuckten sofort wieder aus. Es *schmeckte* auch wie Bauarbeiterpisse. Aber wieso füllte man die ab? Dass sie Alkohol enthielt, fand ich indes nicht überraschend, denn dass Bauarbeiter viel tranken, hatte ich schon gehört.

An dem Steinhäger haben wir nur einmal gerochen, ihn dann aber schnell wieder verschlossen. Das Zeug roch so stechend und giftig, wenn das Alkohol war, dann musste er schlecht geworden sein. So was kam uns nicht in unsere Parfüms!

Wir betrachteten unser Tagwerk: eine große Batterie sorgsam verschlossener Würstchen-, Senf- und Gurkengläser.

»Das muss jetzt noch ziehen«, sagte Jan, und die Parfümeure vom Bauernhof machten Feierabend.

Vierzehn Tage später standen Jan und ich wieder im Schuppen und betrachteten erneut die Gläser: In einigen schwamm nach wie vor eine einzelne Blüte im Wasser.

Einige Deckel hatten sich angehoben.

In einigen Gläsern schwammen Fliegen.

In anderen flogen Fliegen.

Ein Glas war zerplatzt. Daneben lag eine tote Katze.

Wir machten die Gläser auf. Fliegen kamen uns entgegen.

Wir schnupperten trotzdem an allen Gläsern.

Einige rochen gar nicht.

Einige stanken wie Gras-Silage, wie sie an Rinder verfüttert wurde.

Einige rochen nach Bier.

Einige unserer Parfüms in den Gläsern rochen überraschend stark nach Würstchen, Senf oder Gurke.

Wir waren zerknirscht. Schließlich hatten wir uns solche Mühe gegeben!

Er habe mal gehört, sagte Jan: »Auf der Haut riecht Parfüm ganz anders.«

Also tupften wir uns ein paar Tropfen von dem am wenigsten schlimm riechenden Parfüm hinter die Ohren und auf die Handfesseln. Jan sagte, das mache seine Mutter auch immer so. Wir spielten weiter und legten ab und zu Parfüm nach.

»Habt ihr euch auf Mönckenbergs Acker gewälzt?«, fragte mein Papa.

»Habt ihr Bier getrunken?«, fragte Jans Mutter, als sie ihn abholen kam. Sie schob Jan auf den Rücksitz des Autos und kurbelte sofort die Scheibe runter.

»Wir haben Parfüms gemacht!«, insistierte ich. »Wir riechen total gut!«

»Du stinkst!«, sagte meine Mutter.

»Nein!«, beharrte ich, bald schon mit Tränen in den Augen. »Ich rieche nach Rosen, Dahlien und Buschwindröschen!«

Ich lehnte es ab, mich zu waschen, und setzte mich vor den Fernseher. Tom jagte gerade Jerry, und ich stank im Sessel vor mich hin. Meine Eltern, meine Brüder, alle machten einen Bogen um mich. Und ich? Ich warf all meine Hemmungen über Bord und pupste in den Wohnzimmersessel. Es konnte nur besser werden.

In diesem Text kommen niedliche Tiere um

Ich habe in meinem Leben meines Wissens bisher nur ein Säugetier getötet. Persönlich getötet. Aber auch da plädiere ich auf vermindert schuldfähig, weil ich unter dem Einfluss von früher Kindheit stand. Außerdem: Es war ein Unfall, und ich war sechs.

Meine Sandkastenfreundin Sabine Heimann hatte Kaninchenjungen. Gefunden. Oder entwendet. Oder die Kaninchenmutter war im Kindbett verstorben an Hund, irgendsowas halt.

Jedenfalls präsentierte Sabine mir, als ich mit meinem Kinderfahrrad zu ihr rübergefahren war, ganz stolz drei süße, flauschige Kaninchenzwerge. Eins davon sah schmächtig und traurig aus. »Wir hoffen, dass es durchkommt«, sagte Sabine.

Ich war mir nicht so sicher. Wenn es überlebte, sähe seine Zukunft sicher nicht rosig aus. Schon jetzt erinnerte mich das hagere Hasentier an den dünnen Christoph im Kindergarten, der immer eine halb abgeklebte Brille trug, und wenn man mit ihm Versteckspielen wollte, sagte er nur, er könnte nicht mitmachen, er hätte elf Dioptrien. Irgendwann kam Holgi Schumacher auf die Idee, Christoph die Brille wegzunehmen und dann mit ihm Verstecken zu spielen. Das war total lustig, denn wir alle brauchten nur ein paar Schritte zur Seite zu gehen, und schon fand Christoph uns nicht mehr, sondern blinzelte bloß hilflos in die Runde.

Etwa so guckte das dritte Kaninchen.

Die beiden anderen Kaninchen waren umso niedlicher. Und streicheln ließen sich alle drei. Das dritte Kaninchen sogar am liebsten und ausdauerndsten, vielleicht war es aber auch einfach schon zu schwach, um vor unseren kindlichen Patschehänden zu fliehen. Oder es hatte auch elf Dioptrien und konnte keinen Fluchtweg erkennen. Oder es sagte sich: »Okay, nehm' ich halt die Streicheleinheiten mit, viel mehr werde ich davon in meinem kurzen Leben eh nicht bekommen.«

Sabines Mutter erlaubte uns, die Kaninchen mit in den Garten zu nehmen und auf dem Rasen herumlaufen zu lassen. Und das taten sie auch sehr gerne. Sie hoppelten ein wenig, mümmelten und taten das, was junge Kaninchen am besten konnten: total süß sein. Nur das dritte Kaninchen saß stumm im Gras und wollte keinen Halm und kein Blatt Klee anrühren, das wir ihm hinhielten. Bewegen wollte es sich auch nicht.

Wir sprachen ihm gut zu: »Komm Kaninchen, hopple auch mal!« und schubsten es ein bisschen an. Das kannten wir vom Weideauftrieb von Kühen, da musste man auch gelegentlich mal etwas nachhelfen, wenn eine Kuh auf halbem Wege stehenblieb und verpennt in die Gegend glotzte. Ein Klaps mit dem Arbeitshandschuh oder

Reisigbesen auf den Allerwertesten, und die Kuh guckte etwas genervt, trottete aber weiter Richtung Weide.

Das schmächtige Kaninchen schob man auf diese Weise allerdings nur etwas über den Rasen wie ein Matchboxauto.

Es war ein langweiliges Kaninchen. Also ließen wir es bald schon links liegen wie sonst nur Christoph im Kindergarten und widmeten uns den anderen beiden, fütterten sie mit Klee und erfreuten uns ihres Lebens.

Wir lagen auf zwei alten Gartenliegen, die Kaninchen hoppelten um uns herum. Bald waren sie hier, bald waren sie dort. Wir hatten die letzten zwei Cornetto-Erdbeer aus Heimanns Kühltruhe mit nach draußen genommen, noch in der Styropor-Schachtel, und mümmelten diese nun weg, ließen die Kaninchen auch mal probieren, aber Cornetto Klee kam nicht an. Wir gaben den beiden lebhaften Tieren die Namen der Helden unserer Kindheit, nannten eins »Samson«, das andere »Tiffany«. Beim dritten Kaninchen waren wir uns nicht sicher. Sabine meinte, wir sollten mit dem Namen erst mal abwarten und sehen, ob es überhaupt durchkommt. Sabine war schon sehr früh sehr pragmatisch veranlagt. Ich meinte, es bräuchte doch auf jeden Fall einen Namen, denn auch, wenn es nicht durchkäme, müssten wir ja einen Namen auf das Grab schreiben. Wir nannten das dritte Kaninchen dann einfach »Christoph«.

»Wir müssen es taufen!«, rief Sabine. Sofort leiteten wir alles in die Wege. Sabine holte sich einen schwarzen Hut aus der Verkleidungskiste und wollte der Pastor sein, und ich schleppte die Zehn-Liter-Gießkanne von der Regentonne auf den Rasen. Dann begann die Taufzeremonie.

»Ich taufe dich auf den Namen Christoph«, sprach Sabine feierlich, und ich stemmte die Kanne hoch, um etwas Wasser auf den Kopf des dritten Kaninchens zu träufeln. Dabei versuchte ich, äußerst vorsichtig zu dosieren. Na ja, so vorsichtig halt, wie ein Sechsjähriger mit einer gut gefüllten Zehn-Liter-Gießkanne Wasser zu dosieren in der Lage ist, wenn er gleichzeitig all seine Kräfte dazu benötigt zu verhindern, dass gleich die ganze Kanne das Kaninchen erschlägt. Sabine hätte dann gleich mit der Beerdigungszeremonie weitermachen können, denn vermutlich hätte die Wucht der Kanne den kleinen Christoph gleich tief genug in der Rasen gedrückt, dass die Erdbestattung quasi im selben Aufwasch erledigt worden wäre.

»Nicht so viel!«, rief Sabine, und ich stellte die Kanne zur Seite, und der frisch getaufte Christoph kroch mit nassen, schlapp runterhängenden Ohren aus der kleinen Pfütze. Immerhin: Die Taufe hatte dem Tier etwas Leben eingehaucht.

Nun waren die nächsten Tiere dran.

»Wo sind Samson und Tiffany?«, rief Sabine, wir hatten sie etwas aus den Augen verloren.

Ich hopste auf die Gartenliege, um etwas besseren Ausblick zu haben, Sabine tat es mir gleich und hüpfte auf ihre Liege.

»Da vorne«, deutete ich auf ein Kaninchen, das ich glaubte, als Tiffany identifiziert zu haben. Es saß am Rande der Rasenfläche und mümmelte an einem Gänseblümchen rum.

»Und Vorsicht, Samson ist bei dir unter die Liege«, rief Sabine.

»Okay, ich pass auf.« Vorsichtig ließ ich mich runter, legte mich flach auf den Bauch und robbte vorne an die Kante der Liege ran.

Ich plädiere nach wie vor auf unschuldig, unzurechnungsfähig weil Kind, gepaart mit technischem Versagen. Der alten Gartenliege reichte mein Geruckel nämlich aus, dass eins ihrer Rohrbeine schon unter meinem Kindergewicht halb einklappte. Zudem möchte ich zu meiner Verteidigung anführen, dass ich als Sechsjähriger noch keine tieferen Kenntnisse von Hebelwirkung und Schwerkraft besitzen konnte.

Zu seinem Verhängnis wurde Samson, dass auch er der wackelnden Gartenliege plötzlich nicht mehr traute, auf der ich oben gerade rumkroch, und aus ihrem Schatten herauskriechen wollte, das allerdings just in dem Augenblick, da sich das ganze Möbelstück, sekundiert von Hebelwirkung und Schwerkraft, mitsamt mir darauf, vornüber auf den Rasen neigte.

Prompt hörte ich es quieken. Zweimal. Einmal leise und kurz, dann laut, panisch und anhaltend. Das erste Quieken kam von Samson, das zweite von Sabine. Sie schrie und deutete auf meine Liege: »Du hast es totgemacht! Du solltest doch aufpassen!!! Du hast Samson totgemacht.«

Das Leichtmetallrohr, welches die Liegefläche des Möbels einmal rundum einfasste, hatte Samson im Kreuz getroffen. Gnadenlos hatte die Schwerkraft zugeschlagen.

Mir wurde unglaublich mulmig, brennende Schuld blubberte vom Magen in mein Kinderhirn hinauf – dieses unangenehme, beklemmende Gefühl, das mich jedes Mal durchfuhr, wenn ich etwas kaputt gemacht hatte. Und als Kind machte ich oft etwas kaputt.

Ich sprang sofort von der Liege, sie schnellte zurück, gab das Kaninchen frei. Sabine schrie, ich hätte es getötet. Sie sprang von ihrer Liege, fast wäre sie auf Tiffany gelandet.

»Nein!«, rief ich und deutete auf Samson, der im Gras zuckte: »Er lebt noch! Er hat sich nur was gebrochen.«

Wir schauten auf das Tier. In der Tat, die Hinterbeine des Kaninchens waren zwar etwas verdreht, aber sie schlugen unverkennbar aus. Samson atmete auch und fiepte leise. Aber es sah nicht gut aus. Nun fiepten wir alle drei.

Vorsichtig schoben wir den kranken Samson in die leere Styroporschale vom Cornetto-Erdbeer und machten das, was hilflose heulende Kinder immer in solchen Situationen tun: Wir suchten nach einem Erwachsenen und fanden Sabines Mutter in der Waschküche. Ratlos schaute sie in die Styroporschale.

»Volker hat Samson kaputt gemacht«, schrie Sabine dazu aufgelöst.

»Aber nur weil die blöde Liege ...«

»Ja aber *du* warst da drauf!«, schrie Sabine. »Du bist schuld, dass ich bald nur noch ein junges Kaninchen hab.«

»Zwei! Tiffany und Christoph.«

»Christoph zählt nicht, der schafft's doch auch nicht. Und die anderen vier vorher haben's auch nicht geschafft. Das sind die letzten! Und du machst einfach eins kaputt, obwohl ich gesagt hab, du sollst vorsichtig sein!«

»Aber Samson lebt doch noch. Guck, er bewegt sich«,

rief ich und deutete auf Samson, dessen Hinterbein gerade mal wieder ausgeschlagen hatte.

»Kann man ihn nicht wieder gesund machen?«, fragte ich Sabines Mutter, wenngleich der Zweifel an mir nagte, und, noch viel sichtbarerer, an Sabines Mutter: »Er hat sich sicher nur was gebrochen.«

»Ja, das Genick«, sagte Mama Heimann. Sabine schluchzte auf: »Siehste, du hast es totgemacht!«

Ich fühlte mich nur hundeelend. Vor ein paar Tagen noch hatte ich Sabine vor der Tür zum Bullenstall einen Heiratsantrag gemacht, für wenn wir groß sind, dann würden wir mal in echt heiraten und nicht nur Heiraten spielen. Nun hatte ich ihr Kaninchen kaputt gemacht. Ich sah meine Chancen rapide schwinden. Sie mochte mich gar nicht ansehen, rief nur immerzu: »Volker hat Samson totgemacht!«

»Vielleicht gehst du jetzt besser nach Hause«, sagte Sabines Mutter und schob mich aus der Waschküche.

Am frühen Abend meinte meine Mutter, ich sollte mal bei Sabine anrufen. Aber sie wollte mich nicht sprechen. Ich fragte, ob Samson noch lebte, aber ihre Mutter sagte kühl: »Nein«.

Sabine sprach fast zwei Wochen nicht mit mir. Später erfuhr ich, dass Christoph am selben Tag gestorben war. Sie hätten Samson und Christoph zusammen im Garten begraben und die Namen aufs Grab geschrieben.

Eine Woche später folgte Tiffany. Es war das lebhafteste und stärkste Kaninchen des Wurfs und verstarb plötzlich und unerwartet an Hund.

Obereumel.
Oder wieso ich Krimiautor wurde und es heute nicht mehr bin

Ich habe mit sechs Lesen gelernt, mit acht Schreibmaschineschreiben.

Meine erste Oma hieß Marie Surmann, meine zweite Oma hieß Irma Böse, meine dritte Oma hieß Agatha Christie. Agatha Christie, immer ausgesprochen mit hartem »K«, als sei sie eine westfälische Bäuerin aus dem Nachbardorf oder eine Kuh bei uns im Stall. Und tatsächlich hatten wir zeitweise eine Kuh mit dem Namen Agathe. Natürlich wurde auch sie ermordet: heimtückisch zerstückelt und aufgegessen.

Nachdem ich alle »Pitje Puck – Der lustige Briefträger aus Kesseldorf«-Bände durch hatte, fühlte ich mich langsam zu alt für Figuren, die »Wachtmeister Knurrhahn«, »Bürgermeister Herrschmann« oder »Bäcker Windbeutel« hießen. Schließlich konnte ich lesen. Ich war bald zehn, war also so gut wie erwachsen. Mich lockte die Reihe knallbunter Hardcover im Bücherregal meiner Mutter, von denen jeden Monat ein neues vom Bertelsmann-Club geliefert wurde. Wieder ein neues Buch, wieder eine andere bunte Farbe, wieder ein Titel, der verheißungs-voll klang: »Das Geheimnis der Schnallenschuhe«. »Der Wachsblumenstrauß«. – Eine Sonderedition sämtlicher Kriminalromane von Agatha Christie.

Ich saß stundenlang vor diesem Bücherregal, starrte sie an wie unsere Hofkatzen mittags die Küchentür anstarrten, als könnten sie allein durch die Kraft ihres Katzenblicks Futter herbeibeschwören. Ich brauchte Lesefutter.

»Ach, was soll's?«, seufzte meine Mutter irgendwann. »Immerhin, er will nicht fernsehen.« Und tat das, was jede Mutter tut, deren neunjähriger Sohn ständig quengelnd vor Kriminalromanen steht. – Sie macht ihn mit Miss Marple bekannt.

Meine vierte Oma hieß Jane Marple.

Der erste Schritt auf dem Weg zu meiner Karriere als Kriminalautor war getan.

Der zweite Schritt hat nur mittelbar etwas mit Mord und Totschlag zu tun, sondern mit meiner Pflanzen-sammlung. Jede meiner gepressten Blumen wurde mit Tesafilm auf ein Blatt Papier geklebt, beschriftet und in eine Klarsichthülle gepackt. Für das Beschriften reichte mir meine Kinderkrakelschrift auf Dauer nicht aus, daher machte ich mich mit der alten Reiseschreibmaschine mei-ner Mutter vertraut.

So lernte ich Schreibmaschineschreiben. Mit den Wör-tern »Wiesenschaumkraut *(cardamine pratensis)*«, »Wei-ße Taubnessel *(lamium album)*« und »Lippenblütler-Ge-wächse«.

Nach ein paar enttäuschenden Fehlversuchen lernte ich auch, dass man tunlichst das Blatt zuerst mit der Maschine beschriften sollte und erst dann die Pflanze aufs Blatt kleben – und nicht umgekehrt.

Das war der zweite Schritt zum berühmten Kriminalschriftsteller: Ich beherrschte Maschineschreiben, zwar im Zweieinhalbfingersuchsystem, dafür aber auf einer stilechten Reiseschreibmaschine von Olympia.

Der dritte und letzte Schritt war meine, bislang nicht zu meiner vollen Zufriedenheit verlaufene, Karriere als Charakterdarsteller in der Theater-AG der Grundschule. Die Leiterin hieß Frau Bäuerlein, unser erstes Stück »Die verflixten Eumel«, meine Rolle war die des Obereumels, und wir führten es dreimal auf, einmal in der Grundschule, einmal im Altersheim Böckelforth, zum letzten Mal beim Seniorennachmittag der Altentagesstätte des Roten Kreuzes. Im Heimatteil des *Ravensberger Kreisblattes* erschien meine erste Zeitungsrezension:

»Das moderne Märchenspiel ›Die verflixten Eumel‹ stand im Mittelpunkt des gestrigen Seniorennachmittages in der DRK-Altentagesstätte. Unter der Leitung von Lehrerin Ingrid Bäuerlein führten Schüler der Grundschule das futuristische Märchen auf. Den musikalischen Rahmen dieses nur mäßig besuchten Kaffeenachmittages leistete die ›Rentnerband‹«.

Mit der Rolle des Obereumels hatte ich mich leider voll verschätzt. Sie klang nach einer wichtigen Rolle, tatsächlich hatte ich aber nur zwei Sätze zu sagen.

Beim nächsten Stück, in der vierten Klasse, wollte ich alles besser machen. Frau Bäuerlein eröffnete uns, dass wir »Kasper und das Krokodil« einstudieren würden. Nachdem die Rolle von Kasper an ein Mädchen vergeben worden war – was für eine Ungerechtigkeit! –, stritt ich mich mit Gordon Baukass um die Rolle des Krokodils. Ich würde ein hervorragendes Krokodil abgeben, methodactingmäßig wollte ich drei Wochen nur in der Badewanne liegen, ausschließlich rohes Antilopenfleisch essen und mich nur bewegen, wenn es warm genug war. Dann eröffnete uns Frau Bäuerlein, dass es ein Puppenstück sei. Das Krokodil war eine grüne Socke mit Knopfaugen, und ich war nur die Zweitbesetzung – mit der Begründung: »Aber Volker, du hast doch letztes Mal schon den Obereumel gespielt!«

Außerdem hatte das Krokodil nur zwei Sätze, und die waren auch noch beide gleich: »Kasper, ich will dich fressen!«

Ich war bitter enttäuscht. Nach einer Schulstunde ging ich zu Frau Bäuerlein und sagte ihr, ich wollte bei der Theater-AG nicht mehr mitmachen, ich würde jetzt mein eigenes Theaterstück schreiben.

Ich kann mich an das Stück nicht mehr gut erinnern. Ich weiß noch: Es entstand auf der Reiseschreibmaschine meiner Mutter, war zweieinhalb Seiten lang und ein Krimi. Ich war Detektiv Messner![17] Und eigentlich ging es nur darum in dem ganzen Stück. Ich hatte einen immens wichtigen Fall aufzuklären; ich glaube, es ging um den Diebstahl einer gepressten Pflanze.

Wir probten das Stück im Partykeller von Holgi Schumacher. Ich war Autor, Regisseur und Hauptdarsteller in Personalunion, mit anderen Worten, ich war so etwas wie der Woody Allen der 4c.

---

17 Das stellte meine Mutter vor ungeahnte Herausforderungen: Wie treibt man einen Trenchcoat in Größe 156 auf?

Höhepunkt des Stückes war, dass Gordon Baukass mit einer Pistole auf Holgi Schumacher schießen sollte, ihn aber nicht trifft, dafür aber eine Blumenvase, die daraufhin nicht etwa kaputt geht, wie man es nach einem Pistolentreffer etwa erwarten sollte, sondern einfach nur von der Fensterbank runterfällt auf den Kopf von Holgi, der daraufhin k.o. geht.

Wir legten viel Energie in die Proben, Holgi Schumachers Mutter brachte Kuchen und Limonade. Sie trug stets enge Leggings in Dalmatinermuster und wurde immer von einer riesigen Dogge begleitet. Vielleicht trug sie auch beige Leggings und wurde von einem Dalmatiner begleitet.[18] Jedenfalls brachte sie uns Cola und lobte uns für unser Engagement mit einer rauchigen Stimme, wie sie ein voller Aschenbecher hätte, wenn er sprechen könnte.

Viel Energie wandten wir für die Special Effects auf. Leider zündeten die Knallplättchen in der Spielzeugpistole nur bei jedem dritten Mal. Dann musste Gordon halt dreimal schießen.

Wir hatten extra eine Vase aus Styropor gebastelt, die Holgi am Kopf treffen sollte, und Philipp Meyersieks Mitwirkung an dem Stück bestand allein darin, zu gegebener Zeit, nach dem Schuss, an einer Angelschnur zu ziehen und die Vase auf dem Sims des Kellerfensters über Holgis Kopf zu Fall zu bringen. Meistens bemaß Philipp die Zeitspanne so, dass die Pistolenkugel pro-

---

18 Das Gedächtnis ist ein Minenfeld in einem vergessenen Krieg und die Erinnerung ein spielendes Kind darauf. Dieser Aphorismus fiel mir beim Schreiben dieser Passage ein. Er passt hier nicht hin, aber ich beanspruche trotzdem das Copyright.

blemlos von Gordon zur Fensterbank hätte hinüberspazieren können. Ich tobte: »Mann, Philipp! Die Vase muss sofort nach dem Schuss fallen! Du hörst den Schuss und ziehst an der Schnur, Herrgott! Ist denn das so schwer?!« Jetzt war ich nicht mehr Woody Allen, sondern der Peter Stein der 4c.

Was ich nicht bedacht hatte, war, dass das Foyer meiner Grundschule, in dem wir das Stück uraufführen sollten, keine Fensterbank in 1,80 Meter Höhe besaß, eigentlich gar nichts in entsprechender Höhe, von dem eine Vase herunterfallen konnte. Andererseits war der Fall der Vase essenzieller Bestandteil der Dramaturgie und für die Auflösung des Krimis von höchster Bedeutung.

Wir hängten die Vase an einem Kartenständer auf. Für viele Mitschüler war es sicherlich ein weitaus größeres Geheimnis, wieso die komischen Leute, bei denen unser Krimi spielte, Blumenvasen an Kartenständern aufzuhängen pflegten, als das im Stück zu klärende Geheimnis um gestohlenes Pressgrün.

Schlimmer noch war die zweite Aufführung des Krimis bei einem Schulfest der vierten Klassen in einem Schullandheim. Wir sollten draußen unter einem riesigen Zelt-Baldachin spielen. Diesmal hatten wir extra einen Tisch für die Vase dabei, er war zwar nicht hoch genug, weshalb sich Holgi Schumacher immer erst hinsetzen und an den Tisch lehnen musste, bevor Gordon auf ihn schießen durfte, aber es war allemal besser als der Kartenständer.

Die Aufführung nahte und auch ein Gewitter. Windböen zupselten an unseren Kostümen und brachten die Styroporvase mehrfach während des viertelstündigen

Stücks zu Fall, mir standen die Tränen der Verzweiflung in den Augen, doch letztendlich erbarmte sich spontan Gordons Vater und hielt die Vase während des restlichen Stücks zur allseitigen Belustigung des Publikums mit der Hand fest. Leider war Herr Baukass in die Dramaturgie meines Krimis nicht eingeweiht und hielt die Vase natürlich auch dann noch brav fest, nachdem Gordon geschossen hatte und Philipp wie wild an der Angelschnur zog. Holgi Schumacher guckte mich erst fragend an, dann erhob er sich entnervt, nahm Herrn Baukass die Styroporvase aus der Hand und schlug sie sich über den Kopf, um daraufhin stöhnend wieder zusammenzusacken, und Marina Leermer schrie auf: »Oh mein Gott, Sie haben die Vase kaputt geschossen. Die hat mindestens zehn Mark gekostet!« Das erschien uns damals unglaublich teuer. Das Publikum johlte vergnügt.

Ich war mit den Nerven fertig.

Von nun an verlegte ich mich neben Pflanzensammeln auf das Verfassen von Prosa-Texten. Ich würde Schriftsteller werden, beschloss ich.

Mit drei wollte ich mal »Klempnerin« werden, mit sechzehn Pfarrer oder Lehrer. Kurios, dass ausgerechnet mein Berufswunsch mit zehn in Erfüllung ging.

Detektiv Messer löste nur noch einen weiteren Fall: In der fünften Klasse im Gymnasium sollten wir einen Schulaufsatz schreiben, in dem ein paar bestimmte Worte auftauchen sollten. Ich schrieb daraufhin eine Detektivgeschichte und bekam eine Vier plus. Krimis habe ich seitdem nie wieder geschrieben.

Knurpseltrauma

Man muss nicht überzeugter Freudianer zu sein, um zu wissen, dass es viele menschliche Verhaltensweisen gibt, die ihre tieferen Ursachen in der frühen Kindheit haben.

Ich zum Beispiel esse aus Prinzip kein Fleisch mit Knochen dran. Und das ist jetzt gar keine bizarre Form des Vegetarismus, derer es ja inzwischen sehr viele gibt:

Es gibt Vegetarier, die einfach kein Fleisch essen, und es gibt Vegetarier, die *kompliziert* kein Fleisch essen. Es gibt Lacto-Vegetarier, die kein Fleisch und keine Eier essen, dafür aber Milchprodukte, es gibt Ovo-Lacto-Vegetarier, die auch mal einen Frischei-Milchshake bestellen, Pesci-Vegetarier essen kein Fleisch, aber Fisch – ein Freund von mir ist sogar ein Anonymo-Vegetarier, das heißt, er isst nur Fleisch, wenn es sich als solches nicht zu erkennen gibt. Sprich: Das Steak vom Grill ist tabu, aber 'n BicMac geht immer.

Ich bin nichts von alledem.

Ich esse aus Prinzip nur Fleisch, das keine Knochen

enthält, und das hat rein psychologische Ursachen. Denn ich habe ein ausgeprägtes Knurpseltrauma.

Schuld daran ist allein mein Vater.

Wie soll ich das erklären?

Man stelle sich einen Hund vor: einen großen Hund, und was der mit einem Knochen macht, den man ihm hinwirft: »krrk, krkkrrrk, KKKRRRKK!«.

Und jetzt stelle man sich vor: Dieser Hund trägt ein kurzärmliges Hemd und sitzt einem am Küchentisch gegenüber. Dann hat man meinen Vater.

Mein Vater stürzte sich immer auf alle Knochen und knurpselte dann fröhlich dran herum. Vielleicht war er in seinem früheren Leben ein Wolfshund (das könnte auch seine starke Behaarung erklären) – und wenn ich mich recht entsinne: Ich glaube, er hat sogar mal unseren Briefträger gebissen. Am Tag nach Vollmond ... – vielleicht hatte ich ja sogar einen *Wervater*.[19]

Aber so war das, bei uns »uff'm Land«: »Mittach« gab's um zwölf, und der Knochen war eben das Filet des kleinen Mannes.

Jeden Mittag, wenn ich nach der Schule nach Hause kam, guckte ich als Erstes bang in die Kochtöpfe. »Na, du oller Pottkieker!«, schalt mich Mutter jedes Mal, dabei war ich gar nicht neugierig. Es war nur blanke Angst vor blankem Gebein, die mich trieb, und die Hoffnung, auf dem Herd Fischstäbchen, Spaghetti Bolognese oder Pfannkuchen[20] vorzufinden. Sogar Eintopf sorgte bei mir für Schweißausbrüche, denn am zweiten Tag, wenn

---

19 Eigentlich ein Phänomen, das heute viele Kinder kennen: »Mama, wo ist eigentlich Papa?« – »Wer?«

20 Für den Berliner Leser: Eierkuchen. Für Leser im Prenzlauer Berg: Flädle.

also die Suppe erst richtig gut schmeckte, kamen die Suppenknochen auf den Teller.

Guckte mich mittags aus dem Topf das Ende eines Knochens an, nahm mein Gesicht unvermittelt dessen Farbe an und ich ahnte, ich würde meinen Teller heute sehr, sehr angestrengt angucken müssen, um diese Mahlzeit heile zu überstehen.

»Jetzt glotz doch nicht immer deine Kartoffeln an, sonst werden die noch rot«, maulte mein Vater bei Tisch, ich guckte hoch: Seine Zähne zogen gerade an etwas, das sich beharrlich weigerte, sich vom Knochen zu lösen, und während ich meinen Würgereiz bekämpfte, wünschte ich mir nichts sehnlicher, als so kurzsichtig zu sein wie Christoph in meiner Klasse mit seinen elf Dioptrien.

Ich hatte nur eine Chance: auf meinen Teller starren. Ich kann bis heute noch alle Pellkartoffeln der Jahrgänge '75 bis '88 auswendig.

»Lass doch was für die Katzen übrig«, sagte meine Mutter gelegentlich zu meinem Vater. Aber der meinte, die Viecher kriegten noch genug.

Ich hatte aber noch nicht einmal den schlimmsten Vater in dieser Hinsicht: Als ich mal bei Marcus Lodemann zum Mittagessen war, hat sein Vater den Suppenknochen des Eintopfs sogar noch durchgebrochen und das Mark rausgeschlürft. Es tat mir ein wenig leid, aber ich hab damals quer über Tisch gekotzt.[21]

Im Geschichtsunterricht brauchte ich in dieser ganzen Zeit niemals aufzupassen: Ich hatte meine persönliche

---

21 Olfaktorisch machte das keinen großen Unterschied, denn es gab Wirsing.

Steinzeit ja jeden Mittag nach der Schule! Ich war nur froh, dass mein Vater keinen Bart hatte, ansonsten hätte er sich die abgenagten Knochen womöglich noch hineingebunden. So kriegten sie immer unsere Hofkatzen. Die waren meistens enttäuscht und immer sehr mager.

Über einen alten
gefiederten Freund

Meine Großeltern kauften sich, als sie Anfang der Achtzigerjahre eine größere Wohnung bezogen und ihre Topfpflanzen die Fensterbänke nicht mehr voll ausfüllten, einen Kanarienvogel. Sie erwarben ihn über einen Bekannten, er war knallgelb und schlank,[22] niemand wusste so genau, wie alt er eigentlich war,[23] und er hieß selbstredend Hansi.[24]

Hansi stand seither auf dem Fensterbrett in der Wohnstube und sang fröhlich ein paar Azaleen und Petunien an und erschrak nicht einmal, wenn alle paar Tage neugierige Kinderaugen in seinen Käfig glotzten. Einsam war er nie, denn auf der anderen Seite des Fensters befand sich das Vogelhäuschen auf dem Balkon, das von ortsansässigen Meisen und Rotkehlchen stets üppig bevölkert war. Irgendwann war mein Opa dazu übergangen, es nicht nur in den Wintermonaten mit Futter

---

22 Der Vogel, nicht der Bekannte.
23 Der Vogel, nicht der Bekannte.
24 Der Vogel, der Bekannte hieß Hans.

zu bestücken, sondern ganzjährig. »Damit Hansi etwas Gesellschaft hat«, pflegte er zu sagen. Die Wildvögel strichen sich mit ihren Flügeln über die prall gefüllten Bäuche und drückten, je nach Laune, Schnabel, Bürzel oder Kloake an Hansis Fensterscheibe. Er fühlte sich pudelwohl.

Ein paar Jahre später bekam mein Opa Asthma, und schnell wurde Hansis Käfigsand als gefährliche Feinstaubquelle ausgemacht. Hansi zog zu uns, von einem Fensterbrett einer kleinstädtischen Etagenwohnung hinaus aufs Land, in eine Bauernhausküche in Erdgeschosslage.

Hinter dem Fenster waren nur ein paar Sträucher und eine Kuhweide. Damit musste sich Hansi an neue Ausblicke gewöhnen. Denn der quietscheentchenbunte Vogel bescherte unserem Küchenfenster regen Publikumszulauf. Trauben träge vor sich hinkauender Rindviecher drängelten sich jenseits der Scheibe, um einen Blick auf die gefiederte Sehenswürdigkeit zu erhaschen.

In einem Johannisbeerstrauch vor dem Fenster versammelten sich dagegen die Haussperlinge, um das auffällige Federvieh keckernd zu verhöhnen, als habe sich ein Rheinländer am Rosenmontag nach Bielefeld-Sennestadt[25] verirrt. Manchmal verliebte sich eine einsame Kohlmeise in Hansi, er sang sie dann in den höchsten Tönen an, sie saß verzückt in der Johannisbeere, doch weitere Annäherungsversuche endeten für gewöhnlich in einem lauten Knall am Küchenfenster und einem unschönen Fleck. Broken heart – broken neck. Hansi

---

25 Auch bekannt als das Marzahn Westfalens.

kauerte danach jeweils ein paar Tage lang traurig schweigend im Sand.

Für wahre Panikattacken bei ihm sorgten allerdings unsere Hofkatzen, die, aufmerksam geworden durch die Traube Kühe vor dem Fenster, das kunterbunte Federvieh schon bald genauso neugierig beäugten, allerdings im Gegensatz zu den Rindern den unschlagbaren Vorteil hatten, dass sie es sich direkt auf dem Fenstersims bequem machen konnten, wo sie ihre Stupsnasen an der Thermopen-Scheibe plattdrückten und mit ihren hungrigen Zungen über das Glas leckten, während Hansi in wilder Panik durch den Käfig flatterte.

Aus Sorge um sein kleines Vogelherz wurde Hanis Blick nach draußen deshalb zeitweise durch ein buntes Stofftuch in Siebziger-Jahre-Optik verhüllt: Statt in Katzenaugen blickte Hansi nun auf psychedelisch anmutende Prilblumenvariationen in rotbraun.

Ob es daran lag? Hansi veränderte sich mit der Zeit. Er sang immer seltener und schien immer öfter missmutig auf seinen Stangen zu hocken. Irgendwann stelle er den Gesang völlig an und ließ außer gelegentlichen Piepsern wenig von sich hören.

Das war ein Zustand, der uns Kinder herausforderte. Wir lasen in Kanarienvogelratgebern, man könne die Vögel zum Gesang animieren, indem man ihnen klassische Musik vorspielt. Doch bei Mozart und Beethoven schwieg Hansi eisern, bei Wagner hob er nun den rechten Flügel, und auch Popmusik erwies sich nicht als besser: Bei Nena ist Hansi von der Stange gefallen, bei Grönemeyer bekam er Durchfall, vermutlich handelte es sich um ganz normale körperliche Abwehrreaktionen.

Aber dann machten wir Kinder eine Entdeckung: Immer, wenn die Spülmaschine brummte, tschilpte Hansi fröhlich vor sich hin. Ja, Hansi schien nachgerade eine innige Liebe zu Haushaltsgeräten entwickelt zu haben. Ab da hieß es für uns: »Jugend forscht«. Wir starteten eine Versuchsreihe: Mixer: Hansi sang. Pürierstab: Hansi sang. Staubsauger: Hansi sang.[26] Elektrischer Dosenöffner: Hansi sang, und unsere Mutter schimpfte dazu wie ein Rohrspatz: Was sie bitteschön mit vierzehn geöffneten Konservendosen anstellen solle?

Zur Strafe kochte sie uns einen Eintopf aus Möhren, Mais, Mandarinen, Frühstücksfleisch, Bohnen, Bockwürstchen, Ananas und Champignons, und wir mussten ihn restlos aufessen.

Damit waren Küchengeräte passé. Doch wir setzten unsere Forschungen fort. Das Bügeleisen schwieg Hansi allerdings stundenlang an, der Föhn wehte ihn von der Stange, Bohrmaschine und Schwingschleifer ließen ihn jedoch wieder tirilieren, und mit der Stichsäge wollte er obendrein ein bisschen schnäbeln. Fast hätte diese Verliebtheit geendet wie so viele Techtelmechtel: in tiefer Verletzung und Kopflosigkeit.

Mein Freund Marcus griff sich sogar mal den Vogelkäfig und rannte damit zum Mofa seines Bruders. Nachdem sich Hansi den Sand aus den Federn geklopft hatte, hob er tatsächlich zu singen an, plusterte sich dann aber mit einem Mal auf und fiel ohnmächtig von der Stange. Wir hätten den Käfig wohl etwas zu nah am Auspuffrohr abgestellt.

---

26 Im Beutel dann nicht mehr.

Wir hätten noch weiter geforscht, aber irgendwann hat uns unser Vater erwischt, wie wir in der Küche neben dem Vogelkäfig gerade versuchten, seine Kettensäge zu starten. Ich hab meinen Vater nie wieder so wütend erlebt. Er hat geschrien, gebrüllt und getobt. Und wir Kinder haben zurückgeschrien, -gebrüllt und -getobt. Und hoch über allem Geschrei sang Hansi eine fröhliche Melodei.

In den Folgejahren verloren wir das Interesse an Hansi. Er war einfach da, sein Käfig gehörte zum Mobiliar, wir wurden älter, Hansi ebenfalls, er wurde zum Begleiter unseres Heranwachsens. Hansi sah mich im Konfirmationsanzug in der Küche stehen, sah, wie ich mir von dem geschenkten Geld einen Commodore 128 kaufte und durch die Küche in mein Zimmer trug, sah, wie ich den Commodore 128 vier Jahre später wieder hinaus zur Mülltonne trug, sah wie ich mit meinem Abiturzeugnis nach Hause kaum, war Zeuge meines Auszuges, hörte mich über meinen Zivildienst schimpfen und erlebte sogar noch mein Examen und den Jahrtausendwechsel. Die einzige in unserer Nachbarschaft gezündete Feuerwerksrakete entlockte ihm aber nur schlaftrunkenes »schüülp«.

Hansi war zu diesem Zeitpunkt mindestens zweiundzwanzig Jahre alt, er war der Hansi Heesters unter den Kanarienvögeln.[27] Auf die Stangen in seinem Käfig schaffte er es schon lange nicht mehr. Er war nicht mehr schwindelfrei und hopste nur noch mutlos über den Kä-

---

27 Mit dem Unterschied, dass Johannes Heesters damals immer noch sang.

figboden. Er wusste, dass in freier Wildbahn sein letztes Stündlein schon vor langer Zeit geschlagen hätte. Mehr als einmal kam ich zu Besuch nach Hause und ertappte Hansi dabei, wie er sehnsüchtig hinaus nach draußen sah zu den Hofkatzen. Doch die hatten längst das Interesse an seinem alten Fleisch verloren. Hansi hatte in ihren Augen sein Mindesthaltbarkeitsdatum schon lange überschritten. Davon abgesehen hatte Hansi schon zwei Generationen Hofkatzen überlebt.

Er verlor Federn, auf seinem Kopf hatte sich eine Art Mönchstonsur gebildet; wie er in seinem schütteren, goldgelben Federkleid zusammengesunken im Sand kauerte, erinnerte er mich immer öfter an Johannes Paul II im Endstadium: zwei bunte Vögel, die ihre Zeit schon lange hinter sich hatten, die niemand mehr verstand, die aber beide auf ihre Weise vom Himmel träumten.

Das Vogelbauer-Pontifikat von Hansi endete am 2. April des Jahres 2000. Er lag tot im Sand und seine Seele hüpfte von Stange zu Stange auf in den Himmel, der bekanntlich den Vögeln gehört. Johannes Paul folgte ihm exakt fünf Jahre später nach.

Der Höllenhund vom Teutoburger Wald.
Oder wie mir Gott und der Tod einmal das Leben retteten

I. Sonntagsblättchen

Mein erstes Geld verdiente ich wie viele Jugendliche mit dem Austragen von Zeitungen, wenn man denn das »Sonntagsblättchen« dazu zählen mochte. So wurde die Wochenzeitung *Unsere Kirche* der evangelischen Kirche von Westfalen gemeinhin genannt. Daneben gab's im jeden Haushalt noch das »Käseblatt«, die Lokalzeitung.

Käseblatt und Sonntagsblättchen, das war das duale journalistische System auf dem Land. Das Blatt musste im Wesentlichen groß genug sein, um beim Kartoffelschälen als Unterlage zu dienen, am Blättchen interessierte am wenigsten der überregionale Teil mit Nachrichten aus Landeskirche und »Welt der Ökumene«, sondern eigentlich nur die Beilage der örtlichen Kirchengemeinde. Die enthielt außer Gottesdienstzeiten alle wesentlichen Daten zu anstehenden Konfirmationen, runden Geburtstagen, Taufen, Hochzeiten und vor allem Trauerfällen.

»Ach, guck ma, Hermann. Ilsegred Döppenkamp

is' gestorben. Wieso ha'm wir denn da keine Karte ge-kricht?«

»Tja, Siegrid. Wat soll man dazu sagen?«

»Die krieg'n von uns keine Kaffeekarte mehr!«

Und damit war ein vernichtendes Urteil gefällt. Denn die Kaffeekarte war bei Trauerfeiern das A & O. Nur maximal visitenkartengroß, purzelte sie immer als Erstes aus der aufgeklappten Trauerkarte heraus, selten stand mehr drauf als »*Nach der Beisetzung bitten wir zum Kaffeetrinken ins Café Bolke*«.

Nur Nahestehende und angesehene Nachbarn kamen in den Genuss der Einladung ins Café direkt am Friedhof, wo es frischen Butterkuchen gab (den besten des Ortes), Schinkenstullen und Korn. In jedem Haushalt unserer Bauernschaft steht bis heute in dem »Im-Brand-fall-zu-retten«-Regal neben Familienstammbuch und Geburtsurkunden ein »Kaffeekartenbuch«, in dem sorgsam verzeichnet ist, wer wann bei wessen Beerdigung zum Kaffeetrinken geladen war. Daneben steht das »Konfirmationsbuch«: Wer wann bei wessen Konfirmation welche Geldscheine in die Glückwünschkarte gesteckt hat. All diese Bücher reichen zurück bis ins 19. Jahrhundert.

Zwölf Exemplare des Kirchenblättchens holte ich im Laufe der Woche ab, und jeden Samstag machte ich mit meinem alten Fahrrad die Runde durch die Bauernschaft. Zwölf Exemplare – das klingt nach nichts, doch jeder Bauernhof lag auf seiner eigenen Scholle, musste einzeln angefahren werden, und jeder wartete mit einer besonderen Hürde für mich auf. Die Hürden hatten jeweils vier Beine und ein Gebiss.

Nun bin ich selbst auf einem Bauernhof aufgewachsen. Wir hatten viele verschiedene Tiere. Was wir nicht hatten, war ein Hund. Das hat mich nie gestört. Gestört hat mich, dass alle anderen Höfe Hunde hatten. Vermutlich bin ich auf dem einzigen hundlosen Bauernhof in ganz Ostwestfalen aufgewachsen. Von daher verhielt es sich für mich im Alter von zwölf mit Hunden wie mit den Mädchen in der Schule: Sie waren überall, ich hatte Angst vor ihnen, sie waren ganz schön bissig und lästig allemal.

Mädchen und Hunde unterschied eigentlich nur, dass ich Ersteren ganz gut aus dem Weg gehen konnte, aber an den Hunden musste ich vorbei, wenn ich die Sonntagsblättchen austrug.

Ich unterschied stets zwischen Zwingerhunden und frei laufenden Hunden. Die einen waren gefährlich, aber eingesperrt. Die anderen frei, deshalb umso gefährlicher und wurden nur noch von der Crossover-Kategorie getoppt: frei laufenden Zwingerhunden.

Ein solcher war es, der mich zu Gott führte.

II. Hunde

Im Laufe der Jahre teilte ich die Hunde unserer Nachbarschaft in fünf Gefährlichkeitsstufen ein:

Stufe 5: Der Mischling von Bauer Meier zu Bollering. Meier zu Bollerings hatten einen Hundezwinger, der aber immer offen stand. Die grauhaarige Mischlingshündin, die darin zu Hause war, trieb sich meistens auf dem Gelände herum, trabte, wenn sie mich sah, auf mich zu, machte »wuff wuff«, hielt sich aber sonst auf Abstand. Dafür, dass sie ein Hund war, war sie ganz okay.

Stufe 4: Mielchen Schüppermanns Wolfsspitz. Mielchen Schüppermann stand immer vornüber gebeugt mit lila-geblümtem Prilblumenkittel in ihrem Gemüsebeet und zupfte Unkraut. Das machte sie geschätzte dreihundertfünfzig Tage im Jahr, Winter eingeschlossen. Deshalb kannte die ganze Nachbarschaft Mielchen Schüppermanns Hinterteil besser als ihr Gesicht. Da Hinterteile keine Augen haben, Mielchen aber als furchtsam galt, wachte neben ihr ein großer Wolfsspitz, schweigsam, majestätisch mit stets aufgerichtet zuckenden Dreiecksohren. Doch wehe, man begegnete diesem Hund mal ohne Frauchen Mielchen! Dann kläffte er mit einem an rostige Kreissägen erinnernden Stimmorgan im Hundertvierzig-Kläffs-*per-minute*-Takt die Nachbarschaft an den Rand des Wahnsinns.

Stufe 3: Scheißtölen, Dackel und lästige Kläffer. Sie stellten für mich Hindernisse dar, bauten sich diese asthmatisch röchelnden Drecksviecher doch immer direkt vor einem auf und machten einen Heidenlärm. Umfuhr ich sie, schnappten sie nach meinen Schnürsenkeln und Hosenaufschlägen oder drohten ihre wurstförmigen Schnauzen zwischen meine Fahrradspeichen zu schieben. Am schlimmsten war Heimanns Rauhaardackeldame »Sumsi«, die ihrem Namen in rein gar nichts Ehre machte: ein garstiges, misanthropes Dackelweib. Sympathisch wie Else Kling mit einer Frisur wie Ursula Engelen-Kefer und der Ausstrahlung von Andrea Nahles.

Stufe 2: Lünkenschroths Bronko. Der Mischling lief meistens frei herum, umsprang bellend Fahrräder und führte sich auf, wie sich Hofhunde in Kinderbüchern der Marke »Unser kleiner Bauernhof« aufführen. Bronko schien niemandem Angst einzujagen – außer mir. Alle wussten, dass er harmlos ist, nur ich zweifelte daran. Das wiederum wusste nur einer: Bronko.

Man sagt: Hunde, die bellen, beißen nicht. Was im Umkehrschluss bedeutet: Hunde, die beißen, bellen nicht. Wie auch? Beißende Hunde *können* gar nicht bellen, sie haben ja die Schnauze voll. Bronko bellte erst und biss dann zu.

Frau Lünkenschroth bescheinigte mir, als sie die Wunde reinigte, Bronko beiße nicht. Das sei auch kein Biss, das sei nur ein Kratzer. Dadurch, dass ich versucht hätte, mich vor Bronko auf einen Anhänger mit Zuckerrüben zu retten, hätte ich meinen Unterschenkel ja quasi einmal durch das Gebiss des Hundes hindurchgezogen.

Doch all diese Untiere, Kläffer und Biester waren nichts gegen den Hund der *Stufe 1*:

III. Opa Düsterkötters Schäferhund

Er hatte ein Furcht erregendes Äußeres. Und sein Hund sah nicht besser aus. Der alte Düsterkötter war die schwarze Eminenz der Gemeinde. Er war hoch gewachsen, hager, hatte eingefallene Wangen und tiefe Augenhöhlen. Seine Wangenknochen standen hervor, sein Schädel war kahl und weiß, die Ohren standen unnatürlich ab. Er trug immer schwarz, manchmal einen Hut und stakste mit schlackernden Beinkleidern über den Hof. Machte er den Mund auf, sah man nur die untere Zahnreihe seines Gebisses.

Gesprochen hat er so gut wie nie. Der alte Düsterkötter vertrat unsere Bauernschaft im Presbyterium der evangelischen Kirchengemeinde. Sonntag für Sonntag zog er deshalb im Gottesdienst mit dem Klingelbeutel durch die Reihen des Kirchenschiffes und verlängerte dazu seine dürren Arme mit einer Art Apfelpflücker, an dessen Ende ein kleines Brokatsäckchen hing, welches er mit aufforderndem Schütteln jedem Gemeindeglied unter die Nase hielt. Und wehe, es traf einen der Blick des alten Düsterkötters, wenn man keine Münzen hineinwarf.

Wir Konfirmanden nannten ihn immer den »Vollstrecker«, nach einer Figur in der seinerzeit populären Quizshow *Donnerlippchen* mit Jürgen von der Lippe. Henker in alten Schwarz-weiß-Western sehen so aus.

Es war sicher kein Zufall, dass ausgerechnet der olle Düsterkötter immer mit dem Klingelbeutel herumging, löste er doch bei jedem das Gefühl aus, dank fünfzig gespendeter Pfennige dem Tod gerade noch mal von der Schüppe gesprungen zu sein. Er sah aus wie der leibhaftige Tod. Wenn er jemals gesprochen hätte, wette ich, nur in Großbuchstaben.[28]

Einmal, ich hatte fast alle Sonntagsblättchen verteilt und trat in die Pedalen, um rechtzeitig vor einem gerade aufziehenden Sommergewitter zu Hause zu sein, sah ich den alten Düsterkötter vor einem aus Tiefgrau und schwülem Orange geschichteten Himmel. Die ersten Blitze zuckten, und er mähte mit einer Sense Gras. Windböen zupften an seinen schwarzen Gewändern. Er sah mich, sagte nichts, erhob aber mit seinen dünnen

---

28 Den Satz haben gerade nur eingefleischte Fantasyfans verstanden. Wer nicht dazugehört, lese bitte unbeteiligt weiter und stoße sich nicht an diesem Auswuchs von Minderheitenhumor. Es gibt weiß Gott genug Stellen in diesem Buch, die eingefleischte Fantasyfans überfordern, da sei ihnen dieser kleine Triumph gegönnt.

Ärmchen einmal die Sense zum Gruß und ließ, begleitet von einem aufmurmelnden Donner, ihre Schneide wieder kraftvoll ins Gras beißen.

Ein solcher schwüler Sommertag war es auch, als ich auf Düsterkötters Hof Gott fand.

Auch dort lebte ein Hund, und zwar das bösartigste und wildeste Geschöpf der ganzen Bauernschaft, das in einem Zwinger gehalten wurde. Kam ich auch nur in die Nähe des Hofes, schlug er an, tobte, sprang wie tollwütig in seinem Käfig umher, warf sich mit aller Kraft an das Gitter seines Zwingers, knurrte und kletterte mit den Vorderpfoten daran hoch, bis er aufrecht stand: eine Chimäre aus Schäferhund und Jack the Ripper, die ihre Zähne bleckte, das Metall einspeichelte, wütend knurrte und mir alsbald bösartigstes Bellen aus dem Rachen entgegenschleuderte.

An diesem Tag kam ich wie immer über einen holprigen Feldweg auf den Hof gefahren – eine Abkürzung, die mir den Luxus bot, schon von weitem den Hund im Käfig auszumachen. Sah ich die Silhouette der Bestie darin auf- und abtigern, war ich beruhigt. Diesmal sah ich keine Silhouette. Es blieb ruhig, als ich auf den Hof fuhr. Der Schäferhund schlug nicht an. Die Stille war bedrohlicher noch als sonst das rostige Gebell des Höllenhundes. Der Zwinger blieb leer. Dafür stand das Deelentor des Bauernhauses offen. Plötzlich sah ich, wie sich aus der Dunkelheit des Tores ein Schatten löste und sich in einen hervorschnellenden Schäferhund verwandelte.

Hunde die bellen, beißen nicht. Aber der Schäferhund bellte nicht, er kam einfach nur auf mich zugerannt. Ich stand hinter meinem Fahrrad und tat – nichts. Ich war schocksteif, ich hatte keine Chance. Mein Herz sackte mir in die Hose, so tief, dass ich es, als ich mir vor Angst in die Hose schiss, gleich mit ausschied. Vermutlich würde es der Hund als Erstes schnappen und verschlingen, bis er mich abnagen würde, bis ich so dürr aussähe wie der alte Düsterkötter.

Die Bestie sprang auf mich zu, und ich habe in diesem Moment erstmals in meinem Leben ein Stoßgebet zum Himmel geschickt: »Gott! Hilf mir!«, hab ich gemurmelt, gesagt, vielleicht auch geschrien.

Und Gott half. Der Schäferhund blieb urplötzlich stehen und starrte mich an. Zwei Meter und ein klappriges Fahrrad trennten ihn und mich, Jäger und Beute, Fleischtheke und Kunde, Frischfleisch und Fleischwolf. So standen wir da, wie zum Duell bestellt, aber die Sekundanten hingen noch irgendwo im Stau. Wir musterten uns feindselig. Eine Minute, zwei Minuten, eine Stunde, zwei Stunden. Vielleicht auch nur drei Sekunden.

Dann trat der alte Düsterkötter aus dem Tor und rief: »RUHIG, HANNELORE, RUHIG!«. Es war das erste und einzige Mal, dass ich ihn sprechen hörte. Mit knochiger Hand fasste er den Schäferhund und deutete mir mit einem Nicken, ich könne nun das Kirchenblättchen zustellen.

Von diesem Tag an schmiss ich immer etwas mehr Geld in den Klingelbeutel.

IV. Gegendarstellung

Hallo, mein Name ist Hannelore. Das ist ein doofer Name für einen Schäferhund, aber er passt zu mir. Denn ich bin ganz lieb, sanftmütig, kinderlieb und kaue mehr

Gras als andere Hunde. Weil ich es mag. Herrchens Enkel sind sogar schon auf mir geritten, deshalb höre ich auch auf den Namen »Pony«.

Ich mochte den Jungen mit dem Fahrrad immer. Er schien vor mir Angst zu haben. Deshalb hab ich ihm immer zugerufen: »Hey! Junge mit dem Fahrrad! Ich bin gar nicht schlimm! Ich kann sogar aufrecht stehen, wie du! Guck her! Ich kann aufrecht stehen! Guck! Guck!« Und dann hat er geguckt und ist ganz schnell weggelaufen.

Als dann einmal der Zwinger auf war und der Junge mit dem Fahrrad auf den Hof fuhr, lief ich gleich auf ihn zu, weil ich mich so freute, ihn zu sehen! Ich hab mit dem Schwanz gewedelt und sogar extra nicht gebellt, um ihn nicht zu erschrecken.

Dann stand er da. Hielt sein Fahrrad vor sich ausgestreckt. Ein bisschen so, als wollte er es mir schenken. Aber was soll ich mit einem Fahrrad? Ich bin ein Hund, Hunde sind gegen Fahrräder allergisch. Außerdem war es ein hässliches und ziemlich altes Fahrrad. Dann hat er jemanden »Gott« genannt. Ich glaube, er meinte mich. »Gott« ist eigentlich ein viel schönerer Name als »Hannelore«. Ich freu mich schon, wenn er mich das nächste Mal besucht. Dann werde ich ihm das Gesicht abschlecken. Mal sehen, wie ihm das gefällt. Vielleicht nennt er mich dann wieder »Gott«.

Kreuz des Nordens

Dies ist eine Beichte, eine Beichte über ein besonders dunkles Kapitel meiner Jugend. Denn ich gestehe: Ich war einmal Christ. Das ist noch keine Schande. Doch ich war ehrenamtlicher Mitarbeiter der evangelischen Jugend. Das war Christentum im Komparativ.

Komparatives Christentum ist im Ostwestfälischen weit verbreitet, denn bei dem Landstrich zwischen Detmold und Georgsmarienhütte handelt es sich um tiefstes protestantisches Erweckungsgebiet. Theologen sprechen vom »teutonischen Pietkong«.

Unsere lutherische Kirchengemeinde war streng missionarisch ausgerichtet: Es gab Jungschar, Jungscharfreizeiten, Kindergottesdienst, Kinderbibelstunden, Konfirmandenfreizeiten, Jugendkreis, Jugendfreizeiten, Jugend-bibelstunden, Gebetskreis, Hauskreis, Außerhauskreis, Erwachsenenbibelstunden, Familienkreis, Familienfreizeiten, Familienbibelstunden, Seniorenkreis, Seniorengebetskreis, Seniorenbibelkreis. Kurzum: Die Gemeinde kreiste, und es wurde höllisch viel missioniert.

Jeden Sommer fuhren wir dazu nach Norwegen. Da wir nicht glaubten, in einem der Heartlands des Protestantismus noch ernsthaft jemanden bekehren zu können, nahmen wir uns fünfzig bis sechzig Jugendliche von zu Hause mit und zogen mit ihnen vierzehn Tage in norwegische Schullandheime.

Wieso Norwegen? Ich glaube, es hatte mit der Landschaft zu tun. Die Erhabenheit der skandinavischen Fjord-Natur ließ die Münder der Jugendlichen in der Regel so weit offen stehen, dass wir sie mit unserem großen Glauben stopfen konnten. Nimm hin und iss.

»Wir«, das waren ein Pastor und bis zu einem Dutzend jugendliche Helfer. Ich habe mich oft gefragt, wieso sechzehn bis achtzehnjährige Teenager bei uns schon als missionarische Erntehelfer auf den Acker Gottes getrieben wurden. Heute weiß ich: Wenn Jugendliche von einer Sache überzeugt sind, können sie ungemein eifrig sein. Ich für meinen Teil muss gestehen: Ich war sehr jugendlich.

Wenn ich heute im Fernsehen afrikanische Jungs mit Zahnlücke und Kalaschnikow sehe, dann erblicke ich in ihren Augen einen ähnlich leuchtenden Eifer, wie er auch mich jahrelang leitete. Ja, wir waren Kindersoldaten Gottes, und Pastor Sommering war unser General.

Im Nahkampf der religiösen Überzeugungsarbeit war ich ein guter Schütze. Mit Begeisterung hielt ich Referate über die drängenden Themen des aktuellen Glaubens: »Christsein im Alltag«, »Thomas der Zweifler« oder auch »Die Gefahren des *Backward Masking* in der Rockmusik« – jener putzig ausgedachten Verschwörungstheorie, nach der lasterhafte Musiker auf ihren

Werken heimlich satanische Botschaften rückwärts verstecken. Ganze Wochenenden habe ich damit verbracht, verdächtige Titel auf Musikkassetten zu überspielen, um diese dann in mühsamer Kleinarbeit auseinanderzunehmen – aber das machte nichts, denn der Teufel steckte bekanntlich im Detail –, dann die Spulen darin zu vertauschen und das Magnetband anschließend rückwärts abzuhören.

Und tatsächlich! Vor *Pinks Floyds* »Run Like Hell« hörte man tatsächlich das bekannte »I'm gonna dance with devil's sisters«! *Queens* »Anotherone bites the dust« ergab rückwärts tatsächlich »Decide to smoke marihuana«.

Ich forschte weiter und wurde fündig: Wenn man genau genug hinhörte, gab es kaum einen Popsong ohne heimliche Rückwärtsbotschaft! Nicht immer habe ich sie verstanden. In *A-HAs* »Take on me« war deutlich etwas zu hören – wirklich! echt! –, aber ich konnte es einfach nicht verstehen und tippte daher auf Botschaften an norwegische Satanisten.

Bei *Prince* hörte ich wiederholt Anrufungen des »Deubels«, wenngleich ich nicht zu erklären vermochte, was das kleine schwarze Männchen dazu verleitete, Satan ausgerechnet in westfälischem Platt anzurufen. Aber wer hat *Prince* schon jemals verstanden?

Selbst die in christlichen Kreisen stets populären *PUR* hörte ich rückwärts ab, ihren Texten konnte das nur gut tun. Und hörte man Hartmut Engler da nicht laufend »Beelzebub« und »Allohol« nuscheln? Sollten gar *PUR*, diese schwäbische Ausgeburt christdemokratischen Songschaffens, des Teufels sein? Machten sie gar die perfekte Fahrstuhlmusik für den Weg zur Hölle?

Solcherlei Referate und Andachten waren das Herzstück einer jeden Norwegenfreizeit. Ein weiteres unverzichtbares Highlight war die »Survivaltour«, eine Tageswanderung quer durchs Gelände – der einzige Punkt unserer Freizeiten, bei dem es vermutlich tatsächlich nur göttlicher Fügung zu verdanken war, dass sowohl alle Teilnehmer als auch unversehrt heimkamen, obwohl beim Wandern nach Kompass dessen Nadel immer nur Richtung des schweren Norwegermessers am Gürtel zeigte und beim Durchqueren von sumpfigem Gelände stets die Lieber-längs-als-quer-durch-Variante gewählt wurde. Doch die Survivaltour erfreute sich stets größter Beliebtheit, weil sich sehr schnell herumgesprochen hatte, dass diejenigen Leute, die zu Hause blieben, von Anne Kargwöhner zu seelsorgerischen Einzelgesprächen zitiert wurden. Lieber wollte man als Moorleiche im norwegischen Sumpf enden, als einer Glaubensprüfung von Anne Kargwöhner bei Erdbeertee unterzogen zu werden.

Highlight vieler Freizeiten war auch der Themenabend »Liebe, Sex und Zärtlichkeit«, bei dem Pastor Sommering erklärte, dass man im Alter von fünfzehn noch nicht reif sei zu lieben – und das vor fünf Dutzend hochpubertierender Teenager, von denen mindestens Dreiviertel im akuten Zustand permanenten Liebeskummers darbten. Nach dieser Predigt glänzten immer alle Augen im Saal: manche vor Tränen, viele vor Wut, und auch Pastor Sommerings Augen zeigten jenen schalkhaften Glanz, der Harald Schmidt später berühmt machen sollte. Heute weiß ich: Diese Abende damals waren ganz, ganz großes Fernsehen.

Jede Jugendfreizeit stand unter einem bestimmten Motto, das den missionarischen Charakter der zwei Wochen zackig zusammenfassen sollte: »Leben Live!« hieß eins dieser Mottos, auch der Slogan »Nimm Dir doch das Leben!« war in der engeren Wahl.

Doch ich muss gestehen: Ich habe auf diesen Freizeiten auch gesündigt. Ich habe Unzucht begangen. Ich habe gegen Gott gelästert. Ich habe Peter Hahne gelesen. »Leid: Warum lässt Gott das zu?«, fragte der heilige Hahne in einem Büchlein, verkaufte es über fünfhunderttausendmal, und ich habe es referiert. Die rhetorische Kunst bei derlei Themen bestand darin, die zentralen inhaltlichen Fragen so lange zu variieren, bis sie einfach besser klangen. Aus »Leid: *Warum* lässt Gott das zu?« wurde auf diese Weise: »Leid? *Wozu* lässt Gott das zu?«.

Dann war da plötzlich der von einem Unfall querschnittsgelähmte Bergarbeiter, der Gott dafür dankte, dass er ihm beide Beine zerschlagen habe, denn es sei besser, »gelähmt zu Jesus zu gehören, als mit zwei gesunden Beinen in die Hölle zu laufen«, schrieb Peter Hahne, lud nach und berichtete von einem KZ-Überlebenden, der als Atheist ins KZ kam und es als Christ verließ. Pech gehabt, könnte man mit Peter Hahne argumentieren, die meisten verließen das KZ ja direkt als Engel. Hahne erlebte die Wozu-Frage als befreiend. Vermutlich deshalb klebte ihm, als er noch die *heute*-Nachrichten las, auch bei den schlimmsten Hiobsbotschaften immer so ein seliges Lächeln im Gesicht.

All das habe ich damals in Norwegen nachgeplappert und Jugendlichen um die Ohren gehauen. Doch die waren vermutlich viel zu sehr mit ihrer Pubertät beschäftigt, um mir ernsthaft zuzuhören. Gott sei's gedankt.

Nur ich konnte
die Welt retten

»Es hat doch alles keinen Sinn.« Jens-Ole schaute stier aus dem Fenster des Schulflures hinab auf den Waschbetongarten im Innenhof. Apokalyptische Winde heulten aus dem Biologieraum, unterbrochen von Kichern, Gackern und Fluchen. Gelegentlich mischte sich ein »achtzehn, zwanzig, zwo, null« in die endzeitliche Kakophonie des Grauens hinein.

Sommer 1989. Im Biologieraum liefen gerade die letzte Doppelstunde Bio vor den Sommerferien und der Fernseher gleichzeitig.

Dr. Winter machte es sich am Schuljahresende gerne einfach und zeigte zur Unterhaltung Filme, während er nebenan die Biologiesammlung für die Sommerferien aufräumte. Das hatte eine gute Tradition, ins Klassenbuch trug er dann Dinge ein wie »Anatomische Studien alternativer Lebensformen« oder »Bakteriologische Untersuchungen an Grünschleim«, je nachdem, ob wir *Alien II* oder *Ghost Busters* gesehen hatten.

Heute stand dort: »Biologische Folgen eines Nuklearkrieges« und im VHS-Rekorder lag *Briefe eines Toten* von Konstantin Lopushansky, ein sowjetrussischer Film über den nuklearen Holocaust. Ein alter Professor sitzt nach einem Nuklearkrieg in seinem Atombunker, pflegt seine strahlenkranke Frau und schreibt Briefe an seinen verschollenen Sohn, die er sich selbst vorliest. Tut er das gerade nicht, läuft er in einem Schutzanzug minutenlang durch apokalyptische Großstadtruinen und Nebelschwaden und denkt laut vor sich hin. Sowjetisches Autorenkino von 1986. Der ganze Film ist in rostbraunem Sepia-Farbton gedreht und hat praktisch keine Handlung – dafür aber Untertitel.

Nach nicht einmal fünf Minuten begann sich meine Klasse zu langweilen. Unruhe kam auf.

»Ey, wann fällt denn die Bombe endlich? Ich will 'nen Atompilz sehen!«, rief André Gröning.

»Mann, das spielt nach der Bombe!«, erwiderte Jens-Ole. »Im nuklearen Winter!«

»Scheiße, was ist denn das für'n beschissener Antikriegsfilm, wo keine Atombombe hochgeht?«

Dann starb die strahlenkranke Frau des Professors. Mein Sitznachbar wickelte sein Pausenbrot aus und biss genussvoll rein. Der Geruch frisch angespeichelter Leberwurst stieg in meine Nase. Der Professor weinte lautlos. Jetzt war sogar André Gröning still. Ich schaute mich nach ihm um. Er hatte sich die Kopfhörer seines Walkmans aufgesetzt und lag auf dem Tisch. Ich hörte leise Klänge von den Ärzten zu mir rüberwehen.

Jens-Ole und ich saßen in unserer Bank und ärgerten uns über das weltpolitische Desinteresse unserer Mitschüler. Eigentlich hätte uns das egal sein können. Dum-

merweise waren wir es gewesen, die diesen Film mitgebracht hatten. Es war sogar ein Leichtes gewesen, ihn
durchzudrücken. Denn zur Wahl stand ansonsten nur
Club der toten Dichter, den wir schon in Kunst, Erdkunde, Deutsch, Geschichte, Sozialkunde und sogar Sport
gesehen hatten, sowie *Rambo III*, den sich Dr. Winter zu
zeigen weigerte, weil er meinte, nach *Rocky IV* hätte sich
letztens der Physiklehrer von nebenan beschwert, und
für den Eintrag zur Stunde im Klassenbuch »Studien
zu Verhalten und Physiognomie männlicher Primaten«
wäre er vom Direktor getadelt worden.[29]

Deshalb also *Briefe eines Toten*. Nuklearer Winter bei
stickigen siebenundzwanzig Grad im Biologieraum II.
Vor lauter Sonne draußen vor den Fenstern konnte man
das Videobild kaum erkennen, wo der Professor seine
Briefe beim Schein einer einzelnen staubigen Glühlam-
pe schrieb.

»Na, das ist doch mal was anderes als *Rambo III*«,
sagte Dr. Winter, gähnte und verdrückte sich nach einer
knappen Viertelstunde in die Biologiesammlung. Sofort
wurden Skatkarten rausgeholt, die Mädchen fingen erst
an zu tuscheln, dann lautstark zu quatschen. Fünf von
ihnen gingen gemeinsam aufs Klo und nahmen dazu Ja-
cken und Rucksäcke mit.

Jens-Ole und ich zogen uns auf den Flur vorm Bioraum zurück. Wir brauchten den Film nicht zu sehen,
wir kannten ihn ja schon; wir hatten ihn mehrere Male
gesehen. Wir wollten nicht miterleben, wie unsere Mitschüler die letzten Partybesäufnisse diskutierten, wäh-

---

29 Der war bekennender Sylvester-Stallone-Fan.

rend der Professor eine Gruppe stummer Waisenkinder im benachbarten Atombunker über humanistische Werte und Gemeinschaftssinn aufklärte.

»Ja, es ist sinnlos«, sagte ich.

Wir blieben noch eine halbe Stunde vor dem Bioraum stehen. Dann hatten auch die letzten Skatspieler sich aus dem stickigen Klassenzimmer auf den schattigen Schulhof verzogen. Dr. Winter war auch nicht wieder aufgetaucht, der Professor schrieb einen weiteren traurigen Brief an seinen Sohn, die staubige Glühbirne flackerte. Vor dem Video saß nur noch Gordon Baukass, allerdings schlief er seit der siebten Filmminute.

Ich nahm den Film aus dem Videorekorder und schaltete den Fernseher aus. Gordons leises Schnarchen klang wie ein pfeifender Wind im nuklearen Winter. Wir ließen ihn liegen.

Draußen schien die Sonne.

Sonnenschein und Weltuntergang. Irgendwie passte das nicht zusammen. Meiner weltpolitischen Gefühlslage nach hätten schwüle graue Wolken über Landschaften aus verkohlten Äckern und den Gerippen verbrannter Wälder ziehen müssen. Stattdessen schien die Sonne, und alles wollte nur raus und möglichst schnell an den Baggersee. Dabei war der sicher schon biologisch tot. Biologisch höchst lebendig waren dafür die Geschlechtsmerkmale meiner Mitschülerinnen und Mitschüler, und die schienen jede Exkursion an ein totes Gewässer zu rechtfertigen.

Die Pubertät, die geht vorüber, sagt man immer. Bei mir ist sie das auch. Manchmal habe ich das Gefühl, an mir ist sie regelrecht vorbeigespurtet, hat mir aus dem Lauf heraus eine tiefere Stimme verpasst, ein paar Körperhaare an die dafür vorgesehenen Stellen gestreuselt, ein bisschen Rebellion unter die Schädeldecke gespritzt, und dann hat sie gemacht, dass sie weiterkam. Nicht mal mit Pickeln hatte ich groß zu kämpfen.

Und während sich meine Altersgenossen einer mehrjährigen sexuellen und alkoholischen Experimentalphase widmeten, nicht selten in Tateinheit, stand ich abseits, verachtete das bunte Treiben, denn es gab Sinnvolleres zu tun. Zum Beispiel die Welt retten.

Und das war dringend geboten. Während die anderen Jungs auf die sprießenden Brüste von Sylvia Nollkämper-Lammerschmidt starrten, blickte ich bangen Auges auf die berüchtigte *Doomsday-Clock*, die Atomkriegsuhr, die anzeigt, wie nah die Welt vor einem Atomkrieg steht. Seit 1984 stand sie auf drei vor zwölf. Das war dramatischer als alle Brüste auf dieser Welt.[30]

Meine Mitschüler schauten *Eis am Stil I* bis *VIII*. Ich schaute *Briefe eines Toten* oder *Wenn der Wind weht*, bis heute einer der traurigsten Zeichentrickfilme der Menschheitsgeschichte. In den letzten Religionsstunden vor den Ferien konnte ich damit immerhin einen achtbaren Betroffenheitserfolg in meiner Klasse erzielen. Als der Abspann lief, das u.a. von Brigitte Mira gesprochene englische Rentnerpärchen tot war und David Bowies düstere Stimme »When the wind blows« sang, rannen selbst Sylvia Nollkämper-Lammerschmidt ein paar Tränen die Wange herunter und tropften ihr vom Kinn in

---

30 Dass mein Desinteresse an weiblichen Brüsten auch andere Ursachen als weltpolitische haben konnte, kam mir erst ein paar Jahre später in den Sinn.

den Ausschnitt. Acht männliche Mitschüler schauten Sylvias Tränen ergriffen hinterher. Dann war große Pause und der Nuklearkrieg vergessen.

Ich bin mit dem Wettrüsten aufgewachsen. Mit dem Waldsterben. Mit der Umweltbewegung. Ich war dreizehn, als Tschernobyl passierte. Meine Pubertät begann mit einem Super-GAU. Das prägt.

Eine radioaktive Wolke näherte sich, und meine Familie trieb die Kühe unseres Bauernhofes trotzdem auf die Weide. Ich war entsetzt! Aber mein Papa argumentierte, die Kühe sollten nicht verhungern, und ob er Gras auf der Weide mähte und es dann verfütterte oder die Kühe es selbst abgrasten, mache doch keinen Unterschied. Außerdem hätte der letzte Regen die Radioaktivität doch sicher vom Futter abgewaschen.

Ich trank aus Protest keine Milch mehr und hatte eine Zeitlang panische Angst, unsere nächsten Kälbchen kämen mit fünf Beinen, zwei Köpfen oder mehr als vier Mägen auf die Welt.

Ich sagte meiner Mutter, ich würde keine Pilze mehr essen.

»Pilze isst du eh nicht«, sagte meine Mutter.

Ich sagte, jetzt äße ich sie aus Prinzip nicht mehr, vorher hätte ich sie nur nicht gemocht.

Ich hielt meinen Pilzverzicht lange durch. Dafür begann ich recht bald wieder, Kakao zu trinken.

Zukunft war für mich etwas, das schwarz aussah. Und das nicht etwa nur metaphorisch, sondern meine bildhafte Vorstellung von der Zukunft war düster. Mir war klar: Wenn ich erwachsen war, würde es keine Wälder mehr geben, sondern nur noch tote Landschaften.

Es ist seltsam, wie sehr meine Wahrnehmung mit Farben belegt ist: Die deutsche Vergangenheit ist für mich seit jeher schwarzweiß. Der Nationalsozialismus ist in meinem Geist nicht braun, sondern schwarzweiß. Gelber Stern, rosa Winkel, braune Uniformen. Ich weiß, dass der Nationalsozialismus bunt war, aber in meinem Gedächtnis ist er immer schwarzweiß. Vielleicht haben wir im Geschichtsunterricht einfach zu viele Wochenschau-Dokumente geschaut.

Vergangenheit färbt sich in meiner Erinnerung immer in die Farben ein, in denen ich sie kennengelernt habe: Die DDR ist für mich sepiafarben, wie in verblichenen Fotos aus den Siebzigerjahren. Weitere geschichtliche Phasen changieren bei mir zwischen bunt (Mittelalter, das muss an all den *Robin-Hood*-Filmen liegen) und den verwaschenen, blassen Farben, die alle Historien- und Bibelfilme aus den Fünfziger- und Sechzigerjahren auszeichnen.

Dass auch im Dritten Reich Rapsfelder leuchtend gelb geblüht haben müssen, ist logisch, aber in meinem visuellen Gedächtnis nicht vorgesehen. Hitler bleibt schwarzweiß, mag er sich noch so bunte Hütchen aufsetzen.

So düster die nicht selbst erlebte Vergangenheit, so düster meine Zukunft. Meine Vision von der Welt im 21. Jahrhundert war tiefschwarz.

Als seien Atomkriegsgefahr, Waldsterben und Umweltverschmutzung nicht genug, waberte bald darauf auch noch das Ozonloch über unseren Köpfen.

»Also ehrlich, in diese Welt kann man doch keine Kinder mehr setzen!«, sinnierte Jens-Ole, als uns auf dem Heimweg von der Schule eine Frau mit Kinderwagen entgegenkam.

»Kinder in diese Welt? Nee, das wäre unverantwortlich!«

Unsere Entrüstung war so ehrlich wie theoretisch. Als würden wir auch nur ansatzweise in die Nähe eines Zeugungsaktes gelangen. Wir waren sechzehn, aber das war auch schon unser einziges Mitwirken am bunten Treiben der Pubertät um uns herum. Mutter Natur war die einzige Frau, mit der wir was hatten; der Busen der Natur die einzigen Brüste, die uns interessierten.

Also retteten wir stellvertretend für unsere unreifen Mitschüler die Welt mit, schrieben weiter flammende Artikel in der Schülerzeitung und schleppten aufklärerische Weltuntergangsvideos in die Schule.

Nicht einmal zwei Jahre später ging die Welt tatsächlich unter. Es war Krieg, und wir waren dabei.

Die USA marschierten in den Irak ein, und wir saßen singend auf einer der drei großen Ampelkreuzungen meines Heimatortes in der Formation eines großen Peace-Zeichens und sangen: »*Avenno Schalom melechem / Avenno Schaaalom melechem / Avenno Schalom Schalom Schalom melechem / Wir wollen Frieden für alle! / Wir wollen Friii-eeeden für alle! / Wir wollen Frieden, Frieden, Frieden für die Welt!*« Stundenlang. Immer abwechselnd hebräisch, deutsch, hebräisch, deutsch ... Ohrwurm für alle, begleitet vom wütenden Hupen der Sattelschlepper, die weiter auf die Autobahn wollten, gegen die wir natürlich auch waren, aber an diesem Vormittag waren wir gegen den Krieg, und wir waren dabei. »Kein Blut für Öl! *Avenno Schaaaaaaaaaaloooom melechem!*«[31]

Wir debattierten und malten uns die düstersten Szenarien aus: »Die USA greifen den Irak an. Der Irak greift Israel an. Israel hat aber Atomwaffen. Was, wenn Israel atomar zurückschlägt? Pakistan hat sich schließlich mit dem Irak verbündet und hat auch Atomwaffen.« Seit 1990 stand die *Doomsday-Clock* seelenruhig bei zehn vor zwölf, aber wir fühlten uns dem Dritten Weltkrieg so nah wie nie zuvor.

Selbst Sylvia Nollkämper-Lammerschmidt saß mit auf der Straße, meistens im Zentrum, umringt von mehreren Jungs, die nicht nur sie, sondern auch die Choreografie des Peace-Zeichens störten.

Natürlich pubertierten wir weiter vor uns hin und wunderten uns, wieso uns die Mädchen in der Schule stets übersahen, wo wir uns doch auch für ihre Rettung engagierten! Vielleicht waren wir zu unauffällig? Oder hatten sie eine Ahnung, die ich selbst noch gar nicht hatte?

Die Pubertät war vorbeigehechtet, hatte alles dagelassen, was sie auszeichnet, nur hatte sie vergessen, uns die Bedienungsanleitung auszuhändigen.

Irgendwie interessierten wir uns schon auch für Mädchen. Aber die Erde zu retten, hatte ihnen gegenüber einen großen Vorteil: Die Erde konnte nicht weglaufen.

---

31 Auch Ohrwürmer können Krieg sein.

Röhrenjeans, Alexanderplatz

Freitagabend, kurz vor halb eins. Ich verlasse die Berliner Kabarettbühne Kookaburra. Gegenüber, vorm Tanzlokal *White Trash*[32], steht eine lange Schlange aus schwarzen Föhnfrisuren und Röhrenjeans, ich nehme die U2 bis zum Alexanderplatz. Die U5 nach Friedrichshain fährt erst in vierzehn Minuten, ich habe Zeit.

Ich habe mir angewöhnt, Wartezeiten am Alex auf dem Bahnsteig der U2 zu verbringen, vor allem an Wochenenden. Nirgends kann man so viel Spaß haben mit den Party-Peoples und Pub-Crawlern Berlins.

Hektische Jungs in Röhrenjeans flattern eilig über den Bahnsteig, orientierungslose Schulklassen und Rucksack-Touristen aus England, Spanien, Amerika, Spanien, Irland, Spanien, Frankreich, Spanien und Portugal[33] ta-

---

32 Das *White Trash* ist ein angesagter Club in Berlin, in dem vorwiegend Tanzmusik von Unabhängigkeits-Kapellen (vulgo: independent bands) zu Gehör gebracht wird. Ähnliche Clubs gibt es in fast jeder Großstadt. Meistens sind sie extrem überfüllt, und das, obwohl die Besucher meist halb so dünn sind wie normale Clubbesucher.

33 Spanien nicht zu vergessen.

pern fahrig von Infotafel zu Stadtplan zu Umgebungskarte und zurück. Nein, schon falsch: Niemand »flattert«
hier hektisch und eilig über den Bahnsteig, niemand »ta-
pert fahrig«, denn das wäre uncool.

Also noch mal: Hektische Jungs in Röhrenjeans *schlur-
fen* eilig über den Bahnsteig, orientierungslose Partytou-
risten *schlappen* fahrig in ausgelatschten Chucks von
Infotafel zu Stadtplan zu Umgebungskarte und zurück.
Aber das *White Trash* ist darauf noch nicht eingezeichnet.
Nebenbei ziehen sie nervös ihre Röhrenjeans hoch, die
gerade mal wieder gefährlich unter den nicht vorhande-
nen Arsch abzurutschen drohen.

Ich muss zugeben: Es macht mir Spaß, freitagnachts
um eins am Alexanderplatz die hektisch umherschlur-
fenden Jungs in ihren Röhrenjeans zu beobachten. Ich
tue das gerne. Und das hat viel weniger mit homoero-
tischen Vorlieben zu tun, als man jetzt denken könnte.

Mit diesem Kleidungsstück verbinde ich viele Erinnerungen und Assoziationen. Mit dem Revival der Jeans-
röhre kommen die Retrogedanken.

Zugegeben, einige dieser Erinnerungen sind schon
homoerotisch, beziehungsweise waren es mal: Zum Beispiel trug mein Schulfreund Philipp Meyersiek immer
enge Röhrenjeans.

Er war im Schwimmverein, und das sah man seinem
ganzen Körper an. Und Röhrenjeans haben die Eigen-
schaft, gewisse körperliche Merkmale nicht kaschieren
zu können oder zu wollen. Manchem Träger gereicht das
zum unbestreitbaren Vorteil. Noch heute würde ich in
jeden Wikipedia-Artikel zum Stichwort »Knackarsch«
Philipp Meyersieks Foto einstellen.

Seit dieser Zeit halte ich für eine unverrückbare Grundvoraussetzung für das Tragen von Röhrenjeans das Vorhandensein von Gesäßmuskulatur.

Freitagnachts um eins am Alexanderplatz, am Bahnsteig der U2, wird diese Grundregel sehr oft gebrochen. Das ist nicht schön, aber lustig.

Röhrenjeans sollten Beine bekleiden, die optimalerweise selbst schon die Form von Röhren haben. Nicht von Streichhölzern, aber auch nicht die Form von Birnen, Zucchini, Auberginen, Kartoffeln, Steckrüben oder sonstigem Gemüse.

Jemand spricht mich an. Ein Teenager, der zu viel Gesäß, zu wenig Muskulatur und viel zu dünne Beinchen in ein und dieselbe Hose gepackt hat. Röhrenjeans kennen keine Gnade: »Sorry, do you know, where's the *White Trash*?«

»No«, sage ich und hätte viel lieber geantwortet: »Yes, but you can't go to the *White Trash*, not in that outfit! You look like a Kastanienmännchen.«

Das Kastanienknäblein stakst davon.

In Philipp Meyersiek war ich mehrere Schuljahre lang heimlich verliebt. ›Heimlich‹ trifft es in diesem Fall besonders gut, da ich zu der Zeit selbst davon nichts wusste. Im Nachhinein muss man es aber so bezeichnen. Ich sagte mir damals nur, dass ich Philipp bewunderte, er mein Vorbild wäre. Ich stellte ihn mir zwar beim Onanieren vor, damit das aber nicht zu schwul wurde, durfte er dabei seine Jeans anbehalten, und ich imaginierte ein Mädchen dazu, mit dem er rumfummelte, das ich dann wiederum ignorierte. Das war ganz schön anstrengend: Sich als latent homosexueller Teenager in seine Wichsfantasien Mädchen mühsam hineinzudenken, nur um deren Anwesenheit dann wieder mühsam auszublenden. Aber so war es nun mal. Das menschliche Gehirn ist vor dem Coming-out zu unglaublich komplexen Transferleistungen fähig.

»Hello, do you know the way to the *White Trash?*«, unterbricht mich ein maximal achtzehnjähriger Junge in meinen Gedanken. Ich mustere ihn. Seine schwarzen Röhrenjeans hängen auf halb acht, ach was, das ist schon zwanzig nach zehn.

»First you have to pull up your pants. It looks awful. Like you're wearing pampers under it«, würde ich gerne sagen, käme mir dabei aber zu elterlich vor. Plötzlich wird mir bewusst, dass ich altersmäßig *tatsächlich* sein Vater sein könnte. Mit einigem Erschrecken wird mir klar, dass er damals, als ich Philipp Meyersiek auf seinen Knackarsch geglotzt habe, sicher noch nicht geboren war. Das muss so 1990 gewesen sein, der letzten Hochzeit der Röhrenjeans, zumindest, wenn man als Jugendlicher härtere Rockmusik hörte und irgendwie links war.[34]

Egal, wie scheiße die Hose des Jungen sitzt, ich schiebe sämtliche Elterlichkeit aus meinen Gedanken und besinne mich auf die gute Berliner Benimmschule: »Of course! To the *White Trash*, okay, go downstairs to the U5, direction ›Hönow‹ to the Station ›Hellersdorf‹ and there you can easily follow the boys with no hair.«

»Thanks.«

Das Jüngelchen schlappt davon. Seine Röhrenjeans

---

34 Allerdings waren sie, wie meine Mutter sagen würde, »vollständiger geschnitten«, das heißt: Der Hosenbund befand sich irgendwo zwischen Bauchnabel und Brustwarzen.

hängen echt auf eine Weise tief, dass man tatsächlich denken muss, er hätte sie gestrichen voll.

Philipp trug damals besonders oft eine grauschwarz-gestreifte Stretchjeans. Deshalb wollte ich unbedingt auch so eine haben, aber ich traute mich im Jeansladen nicht, danach zu fragen, also griff ich schnell eine der Hosen, hechtete in eine Umkleidekabine und zwängte mich in das viel zu enge Stück hinein, eine Gürtelschlaufe riss ab. Ich legte die Hose verschämt zurück ins Regal und kaufte dann eine normale Röhrenjeans der Marke Edwin in ultrablack. So eine hatte Philipp schließlich auch.

»Sorry, do you know, where's the *White Trash*?«

Wieder quatscht mich ein Touri-Burschi an: Mühsam auf verschlafen gestylte Föhnfrisur, diverse Shirts mit V-Ausschnitten, weiße Stoff-Slipper, Nietengürtel, das ganze Programm. Und Röhrenjeans natürlich. Doch diesmal ist der arme Junge wirklich ein bedauernswertes Modeopfer der Jugendkultur. Es gibt nämlich eine weitere Grundregel beim Tragen von Röhrenjeans. Ach was, sie sollte eigentlich schon eine Grundregel beim Produzieren sein. Ab einer gewissen Bundweite sollten sie einfach nicht mehr hergestellt werden. Damit das Beinkleid dem Burschen vor mir zur Zierde stünde, müsste zur Jeans eine Körpergröße von 3,20 Meter dazukommen. Tatsächlich muss ich mich aber ein wenig zu ihm runterbeugen, als ich ihm erkläre: »The *White Trash*. Okay, you have to take the S-Train to ›Warschauer Straße‹, walk there to the metrostation with the same name. The *White Trash* has been renamed a few weeks ago. Now it's the club under the metrostation with the big rainbow flag over its doors.«

»Oh, thanks.«

Der Junge watschelt weg Richtung S-Bahn. Ich schaue ihm hinterher. Er sieht verboten aus. Ich muss wieder an Philipp Meyersiek denken. Als ich ihn das letzte Mal bei einem Klassentreffen traf, näherte sich seine Körperform auch schon gefährlich der Figur des gerade hinfortschlappenden Emo-Pummelchens an.

In der Oberstufe kursierte über mich mal das Gerücht, ich sei schwul. Eine Freundin trug es mir zu. Ich war entrüstet und ehrlich überrascht. Schließlich stellte ich mir in meinen Wichsfantasien meine Schulkameraden immer nur beim Sex mit Frauen vor! Als Begründung mussten die Argumente »hat keine Freundin« und »trägt immer so enge Jeans« herhalten. Der Freundin entgegnete ich, dann müsste man Phillip Meyersiek ja erst recht für schwul halten. Der war aber im Schwimmverein. Manch einem Schulhofhetero war das Beweisführung genug: *Keine Freundin + enge Jeans − Schwimmverein = Schwuchtel.*

»Hello, 'cuse me, can you tell me the way ...«

»... to the *White Trash*?«

Er trägt die Klamotten, die bislang jeder trug, der mich nach dem Weg fragte. Aber er ist der Erste, der die Grundregeln zum Tragen von Röhrenjeans allesamt einhält. Alle Bilder Philipp Meyersieks legen sich plötzlich über ihn. Kurz bin ich versucht, ihm den Weg zu mir nach Hause zu erklären. Aber vermutlich will er doch nur tanzen.

»Okay, the *White Trash* ... you take the U2, only one station to Rosa-Luxemburg-Platz. Take the exit in driving direction, walk straight up the Schönhauser Allee, after one hundred meters on the right side, there's the *White Trash*. Enjoy it.«

»Thanks«, er dreht sich um und wartet auf die U2. Ich bleibe am Bahnsteig ein paar Schritte hinter ihm stehen, ich höre unten die U5 abfahren. Okay, vielleicht hat der Aufenthalt am Bahnsteig der U2 doch eine homoerotische Qualität. Ich glaube, ich muss nachher vor dem Einschlafen noch ein wenig an Philipp Meyersiek denken.

Und morgen hab ich 'ne dringende Verabredung mit meinem Jeansladen.

Mein peinlichstes Erlebnis

In der Schule bin ich nur selten durchgefallen, wenn überhaupt, dann bei meinen Mitschülern.

September 1990: Die ersten gesamtdeutschen Wahlen standen bevor. Ich stand kurz vor meinem achtzehnten Geburtstag und in unserem Kleinstadtgymnasium stand Jens Petershagen auf der Bühne der Aula und schrieb Zahlen an eine Tafel: hinter »Carina Schwarz« eine »101«, hinter »Jan Kölkebrink« eine »98«. Das war keine Überraschung, Carina war stellvertretende Schülersprecherin und Jan gut aussehender Leichtathlet. Mit Abstand folgten Nadine Diekötter (67) und Marko Bergmann (56 Stimmen). Vier von fünf Jahrgangsstufenvertretern waren gewählt. Das wurde eng für mich! Doch dann endlich beugte sich Jens Petershagen zur untersten Zeile auf der Tafel, in der mein Name stand.

Ich war der Letzte auf der Vorschlagsliste. Ich hatte mir tatsächlich die Blöße geben müssen, mich selbst vorzuschlagen, nachdem schon die bekanntesten Deppen der Stufe, selbst der Hausmeister, ins Spiel gebracht und all meine reichlich gestreuten Andeutungen der Art »Ach, zur Not würd ich's wohl auch noch mal machen ...« offenbar spontan vergessen worden waren.

Doch das war jetzt Vergangenheit. Jens schrieb eine »53« hinter meinen Namen. Ich triumphierte leise, stand auf und rief mit sonorer Stimme in den Saal: »Danke! Ich nehme die Wahl an!«

Doch statt des erwarteten Applauses erntete ich nur trauriges Kopfschütteln, ein paar mitleidige Blicke und vereinzeltes Kichern. Ich guckte wieder zur Tafel, wo Jens Petershagen einen Kasten um die »53« und jenen Namen gezogen hatte, der die gesamte Zeile über meinem ausfüllte: »Sylvia Nollkämper-Lammerschmidt«. Ausgerechnet die Frau, deren einzige Begabung sie tagtäglich gut einsehbar im Doppelpack vor sich hertrug. Offensichtlich war meine Stufe noch nicht reif für freie Wahlen. Lediglich sieben Stimmen hatte ich bekommen.

Dabei war ich es doch, der die gesamte Schülerschaft, immerhin knapp tausend Menschen, ein ganzes Jahr lang würdevoll vertreten hatte – nicht nur im Schülerrat, sondern auch in der Fachkonferenz evangelische Religion! Die hatte zwar nie getagt, aber Mitwirkung ist Mitwirkung! Doch Kompetenz war nicht gefragt, Sylvia Nollkämper-Lammerschmidt hatte einfach dickere Titten als ich.

Mein einziger Trost war, dass die meisten meiner Mitschüler erst nach der Bundestagswahl im Dezember 1990 achtzehn werden würden. Ich war zutiefst verletzt und gekränkt.

Nun sind persönliche Kränkungen und verletzte Eitelkeit bekanntlich der beste Nährboden, auf dem prächtige

Peinlichkeit gedeiht. Meine hatte mindestens vier üppige Blüten:

Die erste Peinlichkeit war, dass ich mich meiner Wahlniederlage nicht fügen, sondern unbedingt am nächstfolgenden Schülerrat teilnehmen wollte. Ich liebte dieses Parlament aller Klassensprecher und Jahrgangsstufenvertreter. Ich liebte es, mich mit dem Hinweis auf wichtige schulpolitische Arbeit aus dem Unterricht verabschieden zu können. Kurzum, ich liebte die Demokratie so sehr, dass es mir scheißegal war, ob ich gewählt war oder nicht.

Die zweite Peinlichkeit folgte auf dem Fuße. Um legitim am Schülerrat teilnehmen zu dürfen, musste ich mich vom Direktor freistellen lassen. Also passte ich ihn ab. Er zögerte: »Eigentlich geht das nicht, du bist ja gar nicht gewählt.«

Ich begründete meinen Wunsch mit wichtigen Entscheidungen, die ich vorbereitet hätte, und als ich dann immer noch Unwillen in seinen Augen sah, entblödete ich mich nicht, mein allerschwerstes argumentatives Geschütz aufzufahren: »Außerdem habe ich heute Geburtstag.« Das stimmte zwar, aber um das als Argument einzusetzen, musste man schon sehr verzweifelt sein.

Dass ich einen fatalen Fehler gemacht haben könnte, hätte mir spätestens klar sein müssen, als unser Direktor die konstituierende Sitzung des Schülerrats eröffnete und schloss mit: »Übrigens haben wir heute einen Gast dabei. Volker, ehemaliger Stufenvertreter aus der Zwölf. Ich konnte ihm die Bitte, hier dabei zu sein nicht abschlagen, da er heute achtzehn wird. Herzlichen Glückwunsch, Volker.« – Peinlichkeit Nummer drei.

Grinsend verließ der Direx den Raum. Fünfzig Augenpaare musterten mich eindringlich. Mich focht das nicht an. Schon bald gefiel ich mir in meiner Rolle der Politeminenz ohne Geschäftsbereich und sonnte mich in der selbst gewählten Position des Elder Statesman. Hatte Jimmy Carter seine größten Erfolge nicht auch erst erzielt, nachdem er abgewählt worden war? Hörte man nicht auf Helmut Schmidt erst, seit er gelegentliche Rauchzeichen aus Hamburg aufsteigen ließ?

Bei den Schülersprecherwahlen drängte ich mich als Stimmzähler auf. Prompt saß ich vorne, zählte Wahlzettel, machte der, wie ich fand, heillos überforderten Versammlungsleitung laufend Vorschläge für Wahlverfahren und Quorumsbildung. Ich hatte zwar keine Ahnung, aber Demokratie ist, wenn man's trotzdem wagt. Zu wirklich allem gab ich meinen Senf dazu, riss das Verfahren regelrecht an mich; wenn ich schon nicht gewählt worden war, würde ich den Leuten hier wenigstens mal zeigen, wie man richtig wählt! – Peinlichkeit Nummer vier.

Bald darauf war große Pause, nach der der Schülerrat fortgesetzt werden sollte. Während ich selbstzufrieden über den Schulhof schlenderte und mein traditionelles Leberwurstbrot verzehrte, kam Carina Schwarz eilig auf mich zugelaufen, baute sich vor mir auf und sagte: »Volker, du bist total peinlich.«

Zwei quälende Sekunden der absoluten Stille und Leere. Dann schossen mir schlagartig verschiedene Dinge in den Kopf, zuallererst jede Menge Blut ins Gesicht. Doch ich reagierte mit einer souveränen Gegenfrage: »Äh, was meinst du konkret?«

»Denk mal drüber nach«, sagte Carina, drehte sich um und ging.

»Denk mal drüber nach«. Das war so ein Mutter-Satz. So etwas sagten Mitschüler nicht! Ich versuchte, wütend zu werden. Ging nicht. Wo war dieses verfickte ES, dieses Schwein in mir, von dem Herr Schelm in Philosophie immer sprach? Das könnte ich nun gut gebrauchen, um es dieser blöden Pute mal so richtig zu zeigen!

Doch das ES kam nur kurz hochgekrochen ins Bewusstsein, sagte einmal leise: »Wo sie recht hat, hat sie recht« – noch so ein Mutter-Satz! –, und Über-Ich, Gefühl, Verstand, Gewissen, Anstand und Moral pflichteten innerlich bei: »Ja. Ja. Jaja. Ja. Jau, bist voll peinlich heute.«

In diesem Moment spürte ich, wie sich mein Selbst auflöste, aus dem Kopf herausdampfte, hoch auf das Dach der Schule flatterte und sich keckernd auf der Regenrinne niederließ. Unten auf der Weite des Schulhofs stand ein einsamer Junge, seinen hochroten Kopf zum Pausenhofasphalt gesenkt. Niemand stand bei ihm. Nur sein Geltungsbedürfnis warf einen langen Schatten, auf den nun Carina Schwarz trat, während sie erhobenen Hauptes die Raucherecke ansteuerte, während Volker seinen Blick wendete zum Eingang der Schule, in der Hoffnung, Robert Steinhäuser würde genau jetzt den Schulhof betreten und der Sache hier ein Ende bereiten, oder ein Flugzeug möge auf die Schule fallen oder der Bach neben der Schule sich zu einem Tsunami ungeahnten Ausmaßes aufstauen und Gymnasium, Schülerrat, Carina und ihn in strudelnde Abgründe ziehen. Jedenfalls hoffte Volker, es möge irgendetwas passieren, das ihn sofort aus seinem Leben löschte und ihm einen halbwegs würdevollen Abgang vom Schulhof als Märtyrer oder unschuldiges Opfer ermöglichte. Doch Robert Steinhäuser spielte noch in der DDR mit Spritzpistolen, der Bach war nur ein handbreites Rinnsal, und statt der erhofften Boing 747 traf Volker nur ein Tennisball von kickenden Siebtklässlern am Unterarm und schlug ihm das angebissene Leberwurstbrot aus der Hand.

Volle Pfütze Einsamkeit

Dieser Text ist aus einer alten Zeit und aus einer anderen Welt. Einer Zeit, in der auf Schulhöfen Worte wie »Inline-Skates«, »Ecstasy« und »YouPorn« völlig unbekannt waren, einer Zeit, in der deutsche Lehrer das Wort »Amoklauf« noch im Duden nachschlugen. Es gab nirgendwo Netz, weil es keine Handys gab, es gab kein Internet, und Volker Surmann war noch fest davon überzeugt, heterosexuell zu sein ...

***

»Willst du mit mir gehen?«, fragte mich Carola Bredenbeck nach der Schule am Busbahnhof.

Die Frage überforderte mich. Ich war in der siebten Klasse, zwölf oder dreizehn Jahre alt, doch wie viele berühmte Schriftsteller war ich ein absoluter Spätzünder. Bei mir hatte noch gar nichts gezündet. Ich war Fahrschüler und lebte auf 'nem Bauernhof hinter'm Berg. Da kriegte man echt nichts mit!

In der vierten Klasse der Grundschule sollten wir im Sexualkundeunterricht mal alle Wörter für Sexualorgane an die Tafel schreiben, die wir kannten, auch die versauten. Mein versautestes Wort war »Pipimann«.

Das war zwei oder drei Jahre her. Inzwischen war ich weiter, zumindest hieß die Schule schon mal weiterführend. Was wollte Carola von mir?

»Willst du mit mir gehen?«

Carola Bredenbeck war ein vorlautes, aschblondes Gör, zwei Jahre jünger als ich und mit fest montierter Zahnspange. Sie wollte mich offenbar austesten, jedenfalls ließ das Zuschauergrüppchen aus weiteren Zahnspangengören unter dem Vordach der Haltestelle genau das vermuten. Ich tat das, was ich tun musste: Ich kam mir ausgetestet vor.

So wenig mir Jahre zuvor die Begriffe, die meine Mitschülerinnen und Mitschüler an die Tafel kritzelten – »Fotze«, »Schwanz«, »Möse« –, etwas gesagt hatten, so wenig wusste ich nun mit Carolas Frage anzufangen. So kurios es klingt, ich wusste es wirklich nicht. Gehen. *Wohin?* Und wieso überhaupt? Wir warteten schließlich beide auf denselben Bus! Ich konnte allerdings erahnen, dass es irgendwie eine anzügliche Bedeutung der Formulierung geben musste, ansonsten hätte ich nicht bis hierhin das Kichern von Carolas Zahnspangenfreundinnen gehört. Sie wollte irgendwas von mir, und das Kichern besagte, dass sie mich damit verarschen wollte. Ich reagierte souverän: Ich wurde knallrot.

Ich schaute in Carolas zahn-verchromtes Klammergrinsen. Ich musste reagieren. Im Kopf spielte ich alle mir zur Verfügung stehenden Handlungsoptionen durch und wählte die am meisten Erfolg versprechende. Ich nahm all meinen Mut zusammen und sagte Carola Bredenbeck mitten ins Gesicht: »Äh, nö.«

Dann drehte ich mich um und ging weg. Zumindest so weit weg, wie man an einer Bushaltestelle weggehen kann, wenn man gerade auf einen Bus wartet.

Yes! Ich hatte gesiegt! Ich hatte das getan, was alle von einem völlig verklemmten Sonderling erwarteten: völlig verklemmt und sonderlich zu sein. Die Zahnspangencombo unter dem Wartedach der Bushaltestelle kicherte noch ein wenig, hörte aber bald auf. Ich war so uninteressant, es lohnte nicht mal, mich zu verarschen. Wie ein Sieger fühlte ich mich trotzdem nicht. Hoffentlich käme der Schulbus gleich. Sonst verpasste ich noch den Termin bei meiner Kieferorthopädin.

***

Derart vorbereitet ging ich in die weitere Pubertät.

»Sag mal, Volker, wen findest du denn gut in unserer Stufe?«, fragte mich Jens-Ole eines Mittags nach der Schule.

Tja, damit hatte er was gefragt. Die Frage zielte klar auf Mädchen. Wäre ich ehrlich mir selbst gegenüber gewesen, hätte ich aus der Pistole geschossen »Philipp Meyersiek« antworten müssen, aber Jungs zählten nicht, und ich war damals nicht ehrlich zu mir selbst. Philipp war also nur ein toller Kumpel, dem ich zwar gerne auf seinen Arsch glotzte, das aber eben nur kumpelhaft. Mann. Jens-Oles Frage zielte eindeutig auf Mädchen. Frauen. Ich überlegte: Mädchen. Stufe. Meine. ... Tja.

»Puhh, schwierige Frage«, sagte ich und ging in Gedanken die Mädchen in meiner Stufe durch. Sylvia Nollkämper-Lammerschmidt. Die fanden alle Dumpfbacken unseres Jahrgangs gut. Denn Sylvia hatte zwei hervorstehende Merkmale, auf die viele Jungs in meinem Alter sehr abzufahren schienen: Brüste. Aber sonst hatte Sylvia so ziemlich nichts, außer einer ziemlich hohlen Birne.

Marina Kupfer. Die fanden alle toll, Sonnenschein der Stufe. Meist lustig, lächelte viel, nicht auf den Kopf gefallen. Eine Zeitlang war sie mit Philipp Meyersiek zusammen. Ich hatte sie mir also sogar schon beim Sex vorgestellt. In einer Nebenrolle.

Wen gab's noch, den man gut finden konnte?

Ich hielt es für sinnvoll, ein Mädchen toll zu finden, das auch Interesse an mir zeigte. Aber wer war das? Judit Brose hatte Interesse an mir, glaubte ich, zumindest fragte sie mich regelmäßig, ob ich ihr die Matheaufgaben erklären könnte. Und das konnte ich fast immer. Aber irgendwie schien sich ihr Interesse darauf zu beschränken, nur einmal wollte sie mehr: Da wollte sie die Bioaufgaben erklärt haben.

Ansonsten schien, eigentlich, genau betrachtet, so richtig gesehen, grob geschätzt, so gut wie circa kein Mädchen Interesse an mir zu haben. Vielleicht zeigten die Mädchen auch kein Interesse an mir, weil ich kein Interesse an ihnen hatte? Auf die Idee kam ich leider erst ein paar Jahre später. Wie gesagt, ich war Spätzünder.

Obschon der Gedanke eigentlich nahe lag: Wir waren hundertzwanzig Leute in der Stufe, etwa sechzig davon mussten Mädchen sein, aber so sehr ich mich auch bemühte: mir fielen nur knapp zehn ein. Verdammt, es musste doch noch *mehr* geben!?

Ich bat Jens-Ole um einen Tag Bedenkzeit. Am nächsten Morgen habe ich mir all meine Mitschülerinnen mal etwas genauer angeschaut. Mittags passte ich dann Jens-Ole ab. Ich hatte mich entschieden.

»Du, ich glaube, die Lina gefällt mir ganz gut«, berichtete ich Jens-Ole stolz: »Die finde ich voll toll.«

Und Lina Bäcker gefiel mir wirklich. Sie machte, wie ich, bei der Schülerzeitung mit, war auch irgendwie mehr so links, und sie nahm mich im Rahmen ihrer Möglichkeiten sogar fast für voll. Soll sagen: Sie sprach gelegentlich mit mir.

Lina war etwas kleiner als ich, sehr schlank, hatte kurze rotblonde Haare, immer ein wenig mit Gel hochgestachelt, dazu Sommersprossen um die Nase, ein recht schmales Becken, das meist in einer ziemlich engen Jeans steckte, weshalb ich Lina fast so gerne auf den Po guckte wie Philipp Meyersiek.

»Lina?«, fragte Jens-Ole entgeistert, »aber die sieht doch voll aus wie 'n Junge.«

»Ja ... und? – Aber nett ist sie ... trotzdem.«

»Ja, nett ist sie. Aber nett is nix für's Bett.«

»Wieso sollte sie nix für's Bett sein, nur weil sie ein bisschen wie ein Junge aussieht?«, gab ich den juvenilen Sexualexperten.

»Aber Lina ist doch flach wie 'n Brett, die hat doch praktisch keine Brüste!«

Tatsache! Jetzt, wo er es sagte, sah ich es auch. Aber recht hatte Jens-Ole: Lina hatte praktisch keine Brüste. Ich fand das sogar verdammt praktisch.

***

Mit meinem Bekenntnis zu Lina war das Thema Mädchen erst einmal erledigt. Jens-Ole und die anderen Jungs waren einstweilen damit zufrieden, dass ich auch auf eins stand, und ich auch. Und als ungefähr ein Jahr später das Gerücht kursierte, Lina hätte was mit Petra Bullenkamp aus der Zwölf, entschwand für mich auch der Handlungsdruck, beziehungstechnische Fortschritte zu machen.

Wie machte man das überhaupt? Mittags nach der Schule am Busbahnhof zu dem Mädchen seiner Träume gehen und fragen, ob sie mit einem gehen wollte? Mein Gott, das konnte ich nie!

Ich tat also das, was schüchterne Jugendliche in solchen Situationen immer tun: Ich vereinsamte zusehends.

»Wer sensibel ist und Freunde hat, spielt in einer Band. Wer sensibel ist und keine Freunde hat, der schreibt.« Diese Lebensweisheit stammt von dem berühmten Bonner Pubertätsphilosophen Anselm Neft. Ich erkenne mich darin wieder. Als geschlechtsreifer Teenager war ich sehr sensibel und sehr allein, und so lief nicht nur meine Pubertät langsam aus, sondern oft auch mein Hirn.

Bei sensiblen Jugendlichen folgt auf den ersten Samenerguss der lyrische Erguss so sicher wie der Fleck in der Schlafanzughose. Ziemlich klebrig ist beides.

Scham ist bei dem einen Erguss unangebracht, bei dem anderen mehr als geboten.

Geschieht das eine oftmals unbewusst im Schlaf, geschieht der lyrische Erguss bei vollem Bewusstsein (beziehungsweise so voll bei Bewusstsein wie Teenager nun mal zu sein in der Lage sind).

Mein Bewusstsein war inzwischen von Weltschmerz durchdrungen. Ich fühlte mich einsam und kompensierte diese Einsamkeit durch umweltpolitisches Engagement. Was brauchte ich 'ne Freundin, wenn es die Öko-AG gab? Je mehr mir zwischenmenschliche Wärme fehlte, desto stärker engagierte ich mich gegen die Erderwärmung.

Selbst Jens-Ole wurde Mutter Natur (und mir) untreu und ging neuerdings mit Carina Schwarz. Verräter, alle beide! Selbst bei den Treffen der Öko-AG fehlten sie immer öfter. Beide links und ökologisch engagiert, sie konnten sich doch dort sehen! Worin bestand nur der Reiz, dauernd zu Hause in Carinas Zimmer rumzuhängen, anstatt in der Öko-AG gemeinsam Flugblätter zu falten?

Von Leben und Liebe vergnatzt, zog ich mich immer mehr zurück und litt an der Welt. Da Jens-Ole und Carina und viele andere zu beschäftigt waren, litt ich für sie gleich mit. Soll sagen: Ich litt an der Welt, wie niemand sonst in unserer Stufe. In Schülerzeitungsartikeln malte ich eine düstere Zukunftsfantasie nach der anderen aus: eine Welt der völligen ökologischen und zwischenmenschlichen Zerstörung.[35]

Ich war allerdings ein verkannter Untergangsprophet. Meine Mitschüler reagierten mit Ignoranz und Desinteresse. Ich hätte mir womöglich mehr Respekt bei meinen Mitschülern erworben, wenn ich mich in einem weißen Bettlaken auf den Schulhof gestellt hätte mit einem Schild »Das Ende ist nah!«. Das wäre wenigstens 'ne

---

35 Womöglich war ich meiner Zeit einfach nur etwas voraus. Cormac McCarthy bekam für ähnliche Fantasien im Jahr 2009 sogar den Pulitzerpreis.

coole Aktion gewesen. Und eine klare Botschaft. Stattdessen versuchte ich meine Mahnungen in anschauliche Metaphern zu kleiden.

In einer meiner mahnenden Weltuntergangsgeschichten war die Erde zerstört, sogar die Pflanzen waren ausgestorben. »Kein Junge brachte seiner Freundin mehr Blumen mit, es gab ja Pralinen«, schrieb ich und fand, damit hätte ich die Sache voll auf den Punkt gebracht.

Kristin Kalbert kicherte manisch, als sie den Artikel in der Schülerzeitung las und schaute mich, nachdem sie sich endlich beruhigt hatte, an: »Das meinst du doch ironisch, Volker«, forderte sie. »Los, bitte sag, dass das Ironie ist.«

»Ironisch? Öhm, doch, ja klar«, sagte ich, »natürlich ironisch. Was denn sonst?«, und nahm mir vor, mein Konzept der romantischen Liebe bei Gelegenheit mal zu überprüfen. (Und mein Konzept der Ironie.) Irgendwas stimmte da nicht. Brachte man seiner Freundin nicht Blumen mit? Ich versuchte mich zu erinnern: Ich hatte meiner Freundin noch nie Blumen mitgebracht, führte das aber nicht auf ein fehlerhaftes Romantikkonzept zurück, sondern einfach auf die Tatsache, dass ich noch nie eine Freundin gehabt hatte.

***

Auch in den nächsten Monaten und Jahren sollte ich nie in die Verlegenheit kommen, meiner Freundin Blumen zu kaufen. Meine Texte wurden also noch düsterer, ich begann, Gedichte zu schreiben.

Das erste Poem meiner »schwarzen Phase« ist überschrieben mit »*In der Alleinsamkeit*«.[36]

Ach, du meine Güte. Ein Wortspiel aus »*allein*« und »*Einsamkeit*«, das Alleinsein mit Einsamkeit paart, gezeugt wird ein Neologismus: ein schmächtiges Einzelkind mit großen traurigen Augen und Hautausschlag. Dazu die inhärente Doppeldeutigkeit »All-Einsamkeit«: unser großäugiges, pickliges, alleinsames Einzelkind fühlt sich so gut aufgehoben in seinem Leben wie ein belebtes Staubkorn im All, ausgesetzt irgendwo hinter Pluto, dem kalt vor sich hinschmollenden Ex-Planeten. Ich lese weiter:

»*In der Alleinsamkeit*
spielen Gedanken auf Gefühlen
Klagelieder der Verlorenheit.«

Ach, du Kacke. Ui ui ui, das ist ja harter Tobak. Und so geht das weiter:

»*Trübe Blicke,*
gleiten ab in Zukunftszeiten;
schauen weit
in leere Traurigkeit.«

Ojemine. Da wird aber das Wortfeld »traurig« einmal komplett durchgenudelt. Wenn das schon leere Traurigkeit ist, will ich gar nicht mehr wissen, wie damals meine volle Traurigkeit aussah.

»*Die Sehnsucht brennt,*« – ja, das kann sie gut, die Sehnsucht: brennen – »*verzehrt Vergangenheit.*« Den Satz

---

36 Bei den *Brauseboys* haben Frank Sorge und ich vor ein paar Jahren mal gegenseitig unsere Pennäler-Lyrik analysiert. Auch dieses Gedicht lag ihm dabei vor, wohlweislich hat er es nicht zur Analyse vor Publikum ausgewählt. Ich vermute, er schämte sich fremd oder wollte die Zuhörer nicht unnötig quälen.

verstehe ich selbst nicht mehr, und der Autor dieser Zeilen war für eine Stellungnahme nicht erreichbar.

»*Allein* –«, ruft das lyrische Ich nun aus, aber wonach schreit es so? – Ach so:

»man schreit nach Liebe, Lust und Leben.«

Ja, danach kann mal schon mal schreien. Aber vermutlich hört mal wieder keiner zu.

»Im Gedankenstrom verflossene Freunde
hören nicht.«

Jens-Ole poppte lieber Carina Schwarz, statt mit mir in die Öko-AG zu gehen. Und was sich durch all die Flüssigkeitsmetaphern – »strom«, »verflossen« – schon andeutete, führt nun folgerichtig zum Schluss:

»Man weint
in der Alleinsamkeit.«

Was will mir der Autor mit seinem Text »*In der Alleinsamkeit*« sagen?

Nun, das lyrische Ich fühlt sich womöglich verdammt einsam.

»Das lyrische Ich«, das mussten wir damals immer so schreiben in Gedichtinterpretationen, da man ja nie auf den Autor rückschließen durfte. So hatte es uns Frau Breuler beigebracht. Außerdem musste man immer »Text« statt »Gedicht« oder »Geschichte« schreiben.

Heute, zwanzig Jahre, ein Germanistikstudium und eine Therapie später, würde ich dieses Gedicht allerdings wie folgt interpretieren: »Das lyrische Ich in diesem Text soll sich verpissen. Denn der Autor dieser Zeilen zeigt alle Anzeichen einer juvenilen Depression und sollte sich dringend in die Obhut eines erfahrenen Kinder- und Jugendpsychologen begeben.«

Zum Glück für meine Umwelt, aber womöglich zu meinem eigenen Unglück, zeigte ich meine Gedichte niemandem, ich publizierte sie nicht einmal in der Schülerzeitung.[37] Der womöglich dringend benötigte Kinder- und Jugendpsychologe meiner Teenagerjahre analysierte also weiter das Stoffmuster seiner leeren Chaiselongue, und ich schrieb weiter Gedichte mit den Titeln »innentraurig«, »Nebel«, »Ertrunken im Meer der Menschheit«, »Menschliches Elende«, »Es ist alles eidtel« und »Tränen des Vadterlands«.

Im Grunde muss ich froh sein, dass Emo damals noch nicht erfunden war, ansonsten hätte ich heute ziemlich viele Narben auf dem Unterarm. Obwohl ... – wenn ich diesen Gedanken weiterspinne: Als ich achtzehn war, hatte ich schwarz gefärbte, schulterlange Haare, die mir damals sogar noch ins Gesicht fielen, trug fast nur dunkle Klamotten und enge, schwarze Jeans, karierte PLO-Tücher um den Hals und hörte Musik der härteren Gangart ... O verdammt. Sollte es wirklich wahr sein? War ich ... ich, Volker Surmann, ... vielleicht der allererste Emo?

***

Der Bielefelder Lesebühnenrecke Volker Backes hat mal eine Geschichte veröffentlicht, wie er mit Mitte dreißig von einer schmerzhaften Vorhautverengung befreit wurde. Der Arzt fragte ihn, ob der Sex denn nicht wehgetan hätte. Daraufhin sagte er: »Ich dachte, das muss so.«

So ähnlich war es bei mir, als ich im späten Teenageralter an einer schmerzenden Weltsichtverengung litt, einer

---

37 Glücklicherweise wurden Poetry Slams erst Jahre später populär. Womöglich wäre ich damals sehr erfolgreich gewesen.

akuten Lebensmutphimose. Als mich meine Therapeutin Jahre später fragte, ob so ein Weltschmerz denn nicht wehgetan hätte, sagte ich nur: »Ich dachte, das muss so.« Für mich war das klar: Leben tut nun mal verdammt weh. Mit neunzehn hätte ich das auch jedem gesagt, der mich gefragt hätte. Allerdings hat mich niemand gefragt.

Nichts gegen Jugendkulturen im Allgemeinen und Emo im Besonderen, aber mal ehrlich: Wie viele vorgebliche Emos bräuchten einfach nur einen guten Therapeuten?

***

Ich hatte keinen Therapeuten. Dafür hatte ich die Schülerzeitung. Zwar behielt ich die düsterste Lyrik wohlweislich für mich, doch ich wagte mich weiter aufs Feld der Prosa vor und tappte erneut in einen Fettnapf, beziehungsweise eine Pfütze. Wieder war es Kristin Kalbert, die es als Erste merkte. Sie studierte die neueste Ausgabe der Schülerzeitung und prustete plötzlich ungehemmt los.

»Was ist?«, fragte ich. Prophylaktisch pumpte mir mein Körper schon mal Blut ins Gesicht. Gackernde Kristin Kalbert bedeutete nichts Gutes.

Sie zeigte auf die Kurzgeschichte von mir. Oh, meine Kurzgeschichte. Mein lyrisches Ich stand irgendwo, gefangen, in einem dunklen Raum und war sehr verzweifelt.

»*Tränen tropfen* ... Moment!«, Kristin musste schon wieder lachen. Sie brauchte mehrere Anläufe, um den Satz vorzulesen. »*Tränen tropfen in ...*«

Was hatte Kristin? – »*Tränen tropfen*«, das war doch eine allerliebste Alliteration. Frau Breuler wäre stolz auf mich.

»*Tränen tropfen in die Pfütze ... unter mir*«, Kristin kicherte erneut.

»Ja und?«, fragte ich verunsichert zurück.

»... haste dich eingepullert?«

»Eingepullert?«

»Ja, oder woher kommt sonst die Pfütze unter dir?«

»Das ist mein lyrisches Ich, das bin ich nicht.«

»Meinetwegen. Aber hat sich dein lyrisches Ich nun eingepullert oder nicht?«

»Nein, natürlich nicht, ich meine mit dieser Formulierung ...«

O Gott, was meinte ich damit eigentlich? Konnte Kristin die verdammte Geschichte denn nicht selbst interpretieren, das hatten wir doch bei Frau Breuler jahrelang gelernt! Dazu schrieb man doch Kurzgeschichten, damit andere sie hinterher interpretieren konnten! Bloß nicht den Autor fragen, der Text muss für sich selbst sprechen!

Aber was, wenn die Geschichte für sich selbst sprach und freimütig hinausposaunte: Mein lyrisches Ich kann nicht an sich halten!?

Aber es war doch offensichtlich: Mein lyrisches Ich befand sich in einer ausweglosen Situation, war völlig verzweifelt und verdrückte sich die ein oder andere Träne, was in seiner Lage doch nur allzu verständlich war.

»Und die Pfütze?« Kristin war noch nicht völlig überzeugt.

»Na ja, es verdrückt halt die ein oder andere Träne mehr.«

»Du willst sagen: Dein lyrisches Ich flennt wie 'n Rasensprenger!« Kristin gackerte wieder los. So langsam ahnte ich, worauf sie hinauswollte.

»Ich bleibe dabei: Es klingt mehr nach eingepullert.«

Am Nachmittag beim Sportunterricht sprach mich sogar Philipp Meyersiek auf meine Geschichte in der Schülerzeitung an. Ich war verblüfft. Das hatte er noch nie getan! Perplex stotterte ich einen Dank, obwohl er noch gar nichts Lobendes gesagt hatte. Es freute mich sehr, und ich hätte gar nicht gewusst, dass er meine Geschichten überhaupt läse.

Ich wurde rot. Wie sich herausstellte, zu Recht.

»Les ich auch nie, aber Nadine erzählte, du hast dich eingepullert in der Geschichte.«

»Das war ich nicht, das war mein lyrisches Ich. Und eingepullert hat es sich auch nicht.«

»Aber wo soll denn sonst diese Pfütze da herkommen?«

Ich war in Erklärungsnot, ich musste etwas zu dem Sachverhalt beitragen. Also sagte ich: »Wieso erzählt Nadine so was?«

»Die hat es von Gordon.«

»Gordon? Gordon Baukass? Aber der liest doch auch nie die Schülerzeitung.«

»Der hat es von Carina Schwarz, und die hat es aufgeschnappt, als Kristin Kalbert mit Jan Kölkebrink drüber quatschte.«

Ach du Scheiße. Meine vielleicht doch ein klitzekleines bisschen missverständliche Formulierung hatte innerhalb weniger Stunden die Runde gemacht. Im Grunde hatte ich das geschafft, wovon ich seit Jahren träumte: Ich hatte mit einer Kurzgeschichte meine gesamte Jahrgangsstufe erreicht. Zufrieden war ich trotzdem nicht.

Im Gegenteil: Noch öfter als sonst beschlich mich das Gefühl, dass alle auf mich zeigten und tuschelten:

»Dahinten kommt Volker mit seinem inkontinenten lyrischen Ich!«

War es etwa eine versteckte Botschaft an mich, als uns Herr Flachmann vor dem Aufbruch zum Leichtathletikgelände aufforderte, wir sollten vorher noch mal alle aufs Klo gehen? Hatte er dabei nicht komisch gegrinst und mich aus dem Augenwinkel angeschaut?

In Englisch ging es am nächsten Morgen ums Autofahren, Holgi Schumacher erzählte irgendwas von einem Auto, einer Straße und Regen und hielt dann inne: »Was heißt Pfütze auf Englisch?«

Und Herr Drägert schaute in die Runde und erklärte: »Na, das kann uns sicher Volker sagen.«

Kristin Kalbert gackerte los und kriegte sich kaum wieder ein. Verdammt, die Stilblüte von meinem semantischen Seichtgewässer hatte sich sogar bis ins Lehrerzimmer rumgesprochen!

Ich wusste nicht, was Pfütze auf Englisch hieß, aber ich wusste: Auf mich würde viel, viel Verdrängungsarbeit zukommen.

Dummerweise ist meine Verdrängung seit Jahren kaputt. Eigentlich hat sie noch nie so richtig funktioniert. Werksseitige Fehlauslieferung, Montagsamnesie. Meine Verdrängung hat Aussetzer und überraschende blinde Flecke. Ich habe mir bis heute gemerkt, dass Pfütze auf Englisch »puddle« heißt. Dafür habe ich nicht mehr die geringste Ahnung, was in der verdammten Kurzgeschichte damals eigentlich passierte. Mir fehlt jeglicher Inhalt, sämtlicher Kontext. Alles weg, alles erfolgreich verdrängt. Nichts, aber auch rein gar nichts ist mir erinnerlich geblieben, außer dem einem Satz, den, den es eigentlich zu verdrängen galt: »*Tränen tropfen in die Pfütze unter mir.*«

Dieser Satz gehört zu den misslungensten meiner gesamten Schriftstellerlaufbahn, ausgerechnet ihn hat aber die böse Hexe Erinnerung so tief eingemeißelt in meine Schädeldecke wie keinen anderen. So werde ich diesen Satz wohl in meinem Herzen bewahren bis an das Ende meines Lebens.

Und wer weiß? Vielleicht stehe ich dereinst, mit Mitte siebzig, auf einem Klinikflur, weine leise über eine misslungene Prostata-OP, und meine Tränen tropfen in die Pfütze unter mir. Und wenn ich dann spontan losgackere wie eine siebzehnjährige Gymnasiastin, wird mich zwar die Stationsschwester für endgültig senil und durchgeknallt halten, doch ich werde wissen, dass sich in meinem Leben ein Kreis geschlossen hat.

Ich werde lachen über die Einsamkeit des undichtenden Teenagers und mich vor Lachen gleich noch einmal bepissen. Auf eine Pfütze mehr oder weniger kommt's dann auch nicht mehr an.

Lost in Spacecakes

Wir waren gerade achtzehn, und wir hatten ein Auto. Es war nicht meins, sondern das meiner Eltern und auch nur ein hässlicher graublauer Opel Kadett Diesel, der wie eine Landmaschine klang, aber das war egal. Ja, wir waren vom Land, aber wir waren alternativ. Wir hatten lange Haare und hörten coole Musik. Uns fehlte nur noch die wilde Jugend, Sex, Drugs & Rock'n'Roll.

Das mit dem Rock'n'Roll hatten wir schon geschafft, zumindest hörten wir abwechselnd christlichen Heavy Metal und *Faith No More*. Erst Jahre später fiel mir auf, wie absurd diese Mischung war. Sex hatten wir beide noch nicht, und es sah auch nicht so aus, als würde sich an diesem Zustand in absehbarerer Zeit etwas ändern. Wir brauchten also dringend Drogenerfahrungen.

In einer ostwestfälischen Landgemeinde um 1990 an Drogen zu kommen, war kompliziert und teuer. Heute hat jede Kleinstadt ihren eigenen Head-Shop, deren Betreiber zum Schriftführer im örtlichen Schützenverein gewählt wird, und deutsch-vietnamesische Biobauer-

Konsortien verwandeln abgelegene Gehöfte in einträgliche THC-Produktionsgemeinschaften. Aber damals galt Kiffen noch als gravierender Drogenmissbrauch.[38] Das ländliche Toleranzniveau verdaute seit einigen Jahren vorehelichen Geschlechtsverkehr und wilde Ehen, Kiffen war noch nicht dran, es stand auf der Liste der größtanzunehmenden Übel noch irgendwo zwischen Heroin-Spritzen, Homosexualität und Grünwählen.

Deshalb fuhren wir nach Amsterdam – der bezaubernden Stadt der Grachten, blühenden Tulpen und renommierten Museen. Dachten zumindest unsere Eltern, einschlägige Schlager im Ohr. Für uns hatte Amsterdam zu der Zeit einen anderen Ruf: Es war die alternative Hauptstadt Europas, multikultureller Schmelztiegel, hatte die liberalsten Drogengesetze der Welt und den zweifelhaften Ruf als Cannabis-Umschlagplatz Nummer eins. Kurzum: Amsterdam war für uns eine Art Gotham City mit drolligem Akzent.

Wir fuhren hin. Tim, mein bester Freund, der graublaue Opel Kadett und ich. Wir checkten in der Jugendherberge am Vondelpark ein, einem riesigen, mit Graffiti übersäten Altbauklotz neben einem schmuddeligen Park. Wir waren begeistert! Das sah so anders aus als Ostwestfalen!

Dann machten wir das, was man in Amsterdam so macht: Milchkaffees an Grachten trinken und den Amsterdamer Flohmarkt leer kaufen. Wir erwarben bunt gestreifte, südamerikanisch anmutende Kapuzenponchos, die an jedem zweiten Stand angeboten wurden

---

38 Natürlich hatten wir Gras im Teutoburger Wald. Soweit das Auge reichte. Wir haben's geraucht, aber es hat nicht gewirkt.

und vermutlich allesamt aus chinesischer Produktion stammten, die man damals aber trugen musste, wenn man jung und links war. Sie kratzten furchtbar, vermutlich, weil die Schafe bei lebendigem Leib verwoben wurden und sich immer noch wehrten, oder das Stroh, auf welchem ihnen das letzte Schäferstündchen geschlagen hatte, gleich mit eingearbeitet wurde. Aber wenn man sich genügend PLO-Tücher um den Hals wickelte, kratzte nichts mehr, und auch die gab es in Hülle und Fülle und zu Preisen, die so günstig waren, dass sich palästinensische Fünfjährige in Gaza vom Lohn vermutlich nicht mal Pflaster für ihre wunden Finger leisten konnten. Dazu kaufte ich mir noch eine quietschbunte Batikhose.[39]

Dermaßen perfekt bekleidet stürzten wir uns um 19.30 Uhr ins Amsterdamer Nachtleben und suchten nach einem der Coffeeshops, von denen wir wussten, dass es sie hier an wirklich jeder Ecke geben sollte. In den nächsten eineinhalb Stunden sahen wir verdammt viele Ecken Amsterdams. Dann endlich fanden wir einen Coffeeshop. Nach einer weiteren halben Stunde trauten wir uns, hineinzugehen.

Wir bestellten Getränke. Erst mal akklimatisieren, an den Tresen setzen, bloß nicht sofort auffallen als zwei achtzehnjährige Deutsche, die mal einen draufmachen wollten.

Nach einer guten Stunde fanden wir, es war an der Zeit, Rauchware zu ordern.

---

39 Nachdem ich diesen Text erstmals bei den *Brauseboys* gelesen hatte, fragte mich der jüngere Kollege Paul Bokowski, was denn »Batik« sei. Das ist die Gnade der späten Geburt.

Bestellungen in ausländischen Kneipen überließ ich lieber Tim. Sein Englisch war besser als meins.[40] Deutsch wollten wir im Coffeeshop nicht sprechen, denn wir waren schließlich in Amsterdam und wollten nicht als deutsche Jugendliche unangenehm auffallen. Wenn schon unangenehm auffallen, dann lieber als britische Jugendliche.

Tim senkte seine Stimme und fragte den Barkeeper: »Excuse me, we want something to smoke.«

Der Barkeeper zeigte auf den Zigarettenautomaten.

»Ehm. No, not cigarettes.«

Der Barkeeper reichte uns ein Schiefertäfelchen, auf das Bezeichnungen und Preise gekritzelt waren. Es gab eine Spalte für Haschisch, eine für Gras: Schwarzer Afghane, roter Afghane, Kaschmir, Libanese, Kolumbien, Burma – das klang alles mehr nach Erdkunde als nach Exzess. Tim tippte auf irgendwas, das gut klang. Wir bekamen ein kleines Tütchen mit Hanfblatt-Logo ausgehändigt. »Vielen Dank«, sagte Tim.

Stolz wie zwei Oskars verließen wir den Coffeeshop. Wir waren sicher: Wir hatten souverän Drogen gekauft und niemand hatte gemerkt, dass wir nur zwei achtzehnjährige Deutsche waren, die das erste Mal Haschisch rauchen wollten. Wir hatten zwei Gramm und hatten es voll raus. Wir waren voll die Profikiffer!

Die nächste halbe Stunde verbrachte Tim damit, einen geöffneten Kiosk zu finden, um Blättchen zu kaufen.

---

40 Ein Irrglaube, wie sich ein knappes Jahr später herausstellte, als wir durch Irland trampten und Tim in einem Pub zwei landestypische helle Biere mit Limette bestellen wollte und das gesamte Pub grölte vor Lachen, als er, strotzend vor Selbstbewusstsein, »two Smithwick's with slime« orderte.

Zehn Minuten später musste ich noch einmal in denselben Kiosk gehen, um Tabak zu kaufen.

Wir beschlossen, mitten im Vondelpark zu rauchen, denn man wusste ja nie so genau, was passieren könnte. In der Schule ging beispielsweise das Gerücht, Holgi Schumacher hätte mal einen regelrechten Horrortrip gehabt und ganz komische Dinge gesehen, vor denen er verdammt viel Angst hatte. Es war zwar kalt im Park, ein klammer, gen Nieselregen tendierender Nebel waberte über die Grünflächen, aber das wollten wir in Kauf nehmen.

Tim baute einen Joint. Er hatte sich bei Holgi informiert und brauchte nur zwei Anläufe und eine halbe Stunde. Den Joint konnte man nur mit sehr viel geometrischem Wohlwollen »kegelförmig« nennen, mich erinnerte er mehr an einen Elefantenrüssel. Aber wir wollten uns nicht an Äußerlichkeiten aufhalten und zündeten den grauen Rauchrüssel an.

Im Folgenden kamen einige Dinge zusammen, eine Koinzidenz der unglücklichen Ereignisse: Erstens war ich an dem besagten Abend etwas erkältet. Das war die Version für meine Eltern, damit sie mich überhaupt losfahren ließen. Eigentlich war ich aber ziemlich stark erkältet. Das war die Version für Tim. Im Grunde war ich hoffnungslos vergrippt. Das war die Version, die ich mir selbst nicht eingestehen wollte. Wir waren jung und wild und wollten nach Amsterdam, um Drogen zu nehmen! Davon sollte mich keine gesundheitliche Dorfpomeranze namens Angina abhalten! Also hatte ich den gesamten Tag über ziemlich viele Aspirin (gegen die Kopfschmerzen) und Paracetamol (gegen das Fieber) eingeworfen, sowie ein paar Antibiotika (gegen alles). Zweitens hatten wir uns vor dem Kiffen natürlich schon etwas Mut angetrunken. Eigentlich war es schon ganz schön viel Mut gewesen. Drittens war ich Nichtraucher. Zwar hatte ich Rauchen schon mal geübt, aber selbst eine normale Light-Zigarette vermochte mein Hirn für ein paar Minuten in die langsamen Kreisbewegungen eines bunten Kinderkarussells zu versetzen.

Nun hatten wir knapp ein Gramm Haschisch in einen Joint gebröselt. Doch statt faszinierenden Halluzinationen staunend hinterherzuschauen und uns wundersamer Heiterkeit zu ergeben, öffnete mein Hirn dem THC keinen Spalt breit. Dafür öffnete sich mein Körper.

Ich merkte nichts vom Drogenrausch, weil ich kotzend auf einer morschen Holzbank im Amsterdamer Vondelpark lag. Tim merkte nichts, weil er damit beschäftigt war, sich um seinen kotzenden Freund zu kümmern und mir den schweißnassen Kopf zu halten, während mein Magen so ausdauernd wie vergeblich versuchte, sämtliches THC aus meinem Körper hinauszuwürgen.

Eine Stunde später waren wir nass und durchgefroren. Kurz, bevor wir die Jugendherberge erreichten, ploppte ein kleiner rosa Elefant in meinem Geist auf und zerplatzte. Ich glaube, ich hatte kurz vorher an das damalige Werbemaskottchen der »rosaroten Wochen bei der Bahn« gedacht, aber für eine halbe Sekunde stand es mir überraschend plastisch vor Augen. Leider verdammt klein, leider verdammt kurz. Eine totale Pups-Halluzination, die weder die zehn Gulden im Coffeeshop noch die sechzig Minuten Kotzerei wert war. Hätte ich es nicht schon getan, es wäre zum Kotzen gewesen.

Wir waren jung, wir waren wild, wir waren in Amsterdam, und wir waren um elf im Bett.

Einmal haben Tim und ich es aber doch noch mit THC versucht. Als Tim sturmfreie Bude hatte, haben wir bei ihm Spacecakes gebacken: Haschisch-Kekse.

Wir haben alles ganz brav nach Rezept zusammengerührt: Haschisch, Mehl, Butter, Zucker, Haschisch, Backpulver, Kakao, Haschisch, Aroma, gehackte Mandeln, Haschisch und noch ein paar Brösel Gras zum Garnieren.

Die fertig gebackenen Kekse rochen dann auch sehr lecker. Allerdings waren sie staubtrocken und hart wie Beton. Kurz haben wir überlegt, die Kekse einfach kleinzumahlen und uns durch die Nase reinzuziehen. Dann haben wir aber doch lieber einmal vom Keks abgebissen und gewartet, ob wir was merken. Das Amsterdamer Vondelpark-Erlebnis noch im Gedächtnis, wollten wir diesmal vorsichtiger sein.

Nach fünf Minuten haben wir dann doch den ganzen Keks gegessen und wieder etwas gewartet.

Und so ging es dann weiter: Keks.

Warten.

Keks.

Warten.

Keks. Keks.

Warten.

Keks. Keks. Keks.

Warten.

Keks. Keks. Keks. Keks. Keks ...

Irgendwann war das Blech leer. Wir haben noch einen Moment lang auf das leere Backblech gestarrt – ungefähr eine Stunde[41] – und uns währenddessen im Fünfminuten-Takt gefragt, ob wir was merkten: »Ey, Tim! Merkste was?«

Tim musterte eindringlich das leere Backblech.

»Ey Tim, ich hab dich gefragt, ob du was merkst?«

Tim fuhr mit den Fingern versonnen eine Falte im Backpapier ab.

»Nö. Aber ich hab noch 'n halbes Gramm. Wollen wir uns daraus einen Kakao machen?«

Der Rest war Biochemie: Ein halber Liter zuckersüßen, mit Haschisch versetzen Kakaos traf in unseren Mägen auf ein halbes Kilo staubtrockener, weitgehend unverdauter Haschischkekse, die verzweifelt auf Auflösung warteten. Die beiden halben Gramme Haschisch feierten eine spontane Wiedervereinigung und stürzten sich mit Elan in die Achterbahnen unserer Blutzirkulation.

Tim legte sich rittlings auf den Küchenboden und gebärdete sich mitteilsamer als sonst: »Ey Volker! Ist das geil! Ich merk was! Ist das geil! Ich merk was! Ich merk was! Ich merk was!«

»Was merkst du?«

»Keine Ahnung, aber das ganz deutlich! Ey, ich merk was! Boah, ist das geil! Endlich, Volker, es ist soo geil! Ich merk was! – Ey Volker, du kannst doch jetzt nicht aufs Klo gehen!«

Doch. Konnte ich. Gerade noch so.

An die nächsten Stunden kann ich mich nur sehr dunkel erinnern. Ich weiß noch, dass ich kurz über dem Klo hing und danach etwa drei Stunden lang den Klorollenhalter von unten betrachtete.

---

41 Vielleicht auch zwei.

Das ist ja das Faszinierende an solchen Drogenerfahrungen: Man beginnt plötzlich die ganz kleinen Dinge des alltäglichen Lebens aus komplett veränderter Perspektive völlig neu wertzuschätzen. Für mich war es der Klorollenhalter im Gäste-WC von Tims Eltern. Ich fand ihn äußerst faszinierend! Er war mit genau zwei Schrauben an der Wand befestigt! Und diese zwei Schrauben waren exakt dort, wo zwei Kacheln aufeinanderstießen und eine Fuge bildeten. War das nicht ein unglaublicher Zufall? Und der Holzstab im Klorollenhalter war, genau betrachtet, exakt so lang wie die Klorolle breit war. Als hätte sich das jemand ausgedacht!

So ein Klorollenhalter, fiel mir auf, war nachgerade Sinnbild für den kleinen Mann in unserer Gesellschaft: Unauffällig, im Hintergrund, aber immer mit tragender Rolle. Ich fand diesen Klorollenhalter so tapfer, wie er da einsam hing an der Wand. Ich fand ihn so süß und so schüchtern – so *traurig*!

Nachdem ich ihn zwei Stunden lang gestreichelt hatte, fing er sogar an, mit mir zu sprechen – oder ich mit ihm, so genau wusste ich das nachher nicht mehr zu sagen: »Hallo Volker.«

»Hallo, mein Kleiner! ... Wie geht's?«

»Du, Volker. Ich komm mit meiner Rolle nicht klar ...«

Und das ließ ich mir nicht zweimal sagen. Wir machten also gemeinsames Rollentraining.

Im Schränkchen unter dem Waschbecken fand ich eine Familienpackung mit zwölf Rollen Klopapier. Daran haben wir dann gemeinsam geübt: vorwärts und rückwärts, Blatt für Blatt für Blatt für Blatt für Blatt, Rolle für Rolle für Rolle.

Später gelang es mir, den Klorollenhalter aus der Wand zu reißen. Ich hab ihm daraufhin mal den Rest der Wohnung gezeigt und wollte ihm auch Tim vorstellen, aber der lag noch immer in der Küche auf dem Fußboden und schnarchte mit glückseligem Grinsen im Gesicht und Backblech im Arm vor sich hin. Ich legte mich mit dem Klorollenhalter dazu und schlief ebenfalls ein.

So fanden uns am nächsten Morgen Tims Eltern.

Abi 92

Die Einladung zum zehnjährigen Abi-Nachtreffen kam
per E-Mail und machte mir damit schlagartig bewusst,
wie lang meine Schulzeit schon zurückliegt. E-Mail, das
kannten wir ja nicht damals, obwohl unsere Schule sogar
einen Informatikraum gehabt hatte. Das Betriebssystem
dort hieß *Eumel*.[42] Die armen Säue, denke ich, die damit in ihr Informatikstudium gegangen sind. Ich schaue
mich auf dem Abi-Nachtreffen um, die Informatiker fehlen tatsächlich.

In der Cafeteria meiner ehemaligen Schule tummeln
sich lauter fremde Menschen – fremd auch noch nach
zehn Jahren.

Klassentreffen werden in der Regel von Frauen organi-
siert, deren Lebensinhalt darin besteht, alle erdenklichen
Informationen und Gerüchte über sämtliche ehemaligen
Mitglieder der Jahrgangsstufe zu sammeln und in einer
Excel-Datenbank systematisch zu erfassen. Meistens hei-

---

42 Und hatte nichts mit dem Theaterstück zu tun, das wir in der Grundschule aufgeführt haben, war aber mindestens genauso dämlich.

ßen diese Frauen Bärbel. Telefoniert man mit so einer Bärbel, hört man nach der Erwähnung eines Namens leises Tastaturklimpern; dann ist der entsprechende Datensatz aufgerufen: »André Gröning sagst du ... ah, da haben wir ihn auch schon. Wohnt noch bei seinen Eltern und ist in den familiären Betrieb der Kartoffelputzer eingestiegen ...« – »Lina Depenbusch, Moment ... studierte Politologie in Bremen, wechselnde Bekanntschaften zu beiderlei Geschlecht; Autorin erfolgreicher Flugblätter wie ›Die radikale Linke und der Wurf fauler Tomaten angesichts der Lebensmittelkrise in der Dritten Welt‹, sowie ›Veganismus und Blutdurst im Straßenkampf. Ja, geht denn das?‹; wird seit sechs Jahren vom Verfassungsschutz beobachtet; wurde beim G8-Gipfel in Genua vom italienischen Carabiniere Sergio L. leicht verletzt; ihre Krankenkasse weigerte sich, die nötige Zahnbehandlung zu übernehmen ...« – Eigentlich könnte ich Bärbel alle zwei Jahre anrufen und ich müsste zu keinem Abi-Nachtreffen mehr gehen. Leider fällt mir das zu spät ein.

Ich spreche mit meiner alten Deutschlehrerin und erfahre, dass ein beliebter Kollege inzwischen an Krebs gestorben ist. »Wie furchtbar«, sage ich. »Dasselbe wollte ich auch gerade sagen«, blökt Sylvia von Bredenhagen-Lammerschmidt (geborene Nollkämper-Lammerschmidt). Mit dem Satz hat sie sich jahrelang ihre Zwei in mündlicher Mitarbeit gesichert.

Erschreckend, wie innerhalb kürzester Zeit Menschen in alte Gewohnheiten verfallen und zehn Jahre alte Seilschaften und Cliquenrituale wieder aufleben. Auch die Außenseiter sind wieder die Außenseiter, weil sie das ja früher schon waren und früher alles besser war. Auch

Gregor steht schon wieder bei einem ehemaligen Lehrer und nickt die ganze Zeit. Nachdem ich über Gregor einmal böse Sätze in der Schülerzeitung schrieb, wurde ich zum Direktor zitiert. Ich musste mich schuldbewusst geben, doch im Vertrauen raunte mir der Direx nachher zu, es sei nun mal so, dass manche Leute die Last mangelnder Fähigkeiten durch das Tragen vieler Taschen aufwiegen müssten. Laut Bärbel ist Gregor, der schon im Biologieunterricht Chefarzt-Allüren an den Tag legte, inzwischen Zahnarzt in einer süddeutschen Millionenmetropole und Schriftführer im dortigen FDP-Unterbezirk.

Über dem Tresen hängen an einer Wäscheleine Fragebögen mit vermeintlich lustigen Details aus unserer Schulzeit. »Hand auf's Herz: Wer war dein heimlicher Schwarm in der Stufe?« Beim Beantworten dieser Frage musste ich grinsen und schrieb »Philipp Meyersiek«.

Wir sprechen den ganzen Abend kein Wort miteinander. Ich bin wieder der Alien, diesmal nicht vom Planeten Acker, sondern aus einem schwulen Paralleluniversum, das hier, uff'm Land, zwar auch immer offenkundiger Menschen entführt, dessen Existenz aber nach wie vor für Unbehagen zu sorgen scheint.

Einige Ex-Mitschüler stellen mir immer wieder dieselben Fragen: »Spielst du immer noch Kabarett? Schreibst du immer noch so seltsame Dinge? Kann man denn davon leben?« Ich antworte abwechselnd mit »ja«, »nein«, »ja«, »nein«, bevor mir das zu eintönig wird und ich jedem, der mit der »Was-machst-du-so?«-Frage kommt, etwas anderes erzähle: »Ich hab Entwicklungshilfe studiert und war dann zwei Jahre im Sudan und wurde neulich von Rebellen entführt; vielleicht hast du in den Nachrichten davon gehört.« ... »Nee, ich schreibe nicht mehr, ich gehe vollkommen auf in meinem Job als Diplom-Choreograf. Ich inszeniere gerade ›Schwanensee‹ mit psychisch kranken Neonazis in einer JVA in Hoyerswerda ...«

Man nimmt mir alles ab, wundere ich mich. Kurze Zeit darauf weiß ich, wieso. Erst doziert Lina eine halbe Stunde lang über die radikale Linke in Deutschland, doch nachdem ich sie mit meinem Bekenntnis schockiert habe, dass ich Demokratie eigentlich nicht wirklich schlimm finde und nach wie vor mit den Grünen sympathisiere, gibt sie mich auf, besinnt sich darauf, Tratsch zu kommunizieren, und lässt die Katze aus dem Sack. Die Katze ist in diesem Fall Agneta, die erzchristliche Mauerblume unserer Stufe, die zwischenzeitlich einen linksradikalen Studentenverband führte und seit zwei Jahren als allein erziehende Mutter in einer Hanfplantage im Fichtelgebirge lebt. Ich bin beeindruckt: Vom Teutoburger Wald ins Fichtelgebirge. Das schafft auch nicht jeder.

Die schwärzeste Zeit
meines Lebens

Nur die wenigsten Menschen wissen, dass ich die neunundzwanzig Jahre vor meinem Umzug nach Berlin nicht durchgängig in Ostwestfalen gelebt habe. Zwar bin ich dort geboren und aufgewachsen, habe in Bielefeld gelebt und studiert, doch fünf lange Monate im Jahre 1992 habe ich nicht in Ostwestfalen zugebracht. Diese fünf Monate sind bis heute die schwärzesten meines ganzen Lebens.

Da ich schon ein paar Jahre in der evangelischen Jugend meines Heimatortes ehrenamtlich mitgearbeitet hatte, sah ich mich nach entsprechenden Zivildienstplätzen um.

Ich fand eine mit »Hausmeistertätigkeiten« umschriebene Stelle beim CVJM-Kreisverband Lippe, stellte mich einem bärtigen, etwa sechzigjährigen Jugendpfarrer vor und wurde prompt genommen. Man würde mir eine Unterkunft stellen, das CVJM-Büro lag direkt in der Innenstadt Detmolds.

Detmold! Ehemals Kapitale des Fürstentums und späteren Bundeslandes Lippe[43], noch immer Sitz des Regierungspräsidenten – also quasi eine kleine Hauptstadt, mit schmuckem Schloss in der Mitte, Fußgängerzone und Fachhochschule.

Detmold! Ich würde von zu Hause ausziehen, würde auf eigenen Beinen stehen, bekäme als Zivi mein erstes eigenes Geld, würde mit Jugendlichen arbeiten, würde mir in meiner ersten eigenen Bude meine ersten selbst gekochten Mahlzeiten zubereiten!

Detmold! Ich würde Großstadtluft schnuppern! Würde in einer Stadt mit mehr als siebzigtausend anderen Menschen leben, würde voll von Träumen sein, mich aus der Enge befreien, erstmals richtig frei sein und aus allen Zwängen flieh'n und in zerrissenen Jeans durch Detmolds Gassen zieh'n!

Doch ich hatte meine Rechnung ohne die Lipper gemacht. Als mein Umzug näherrückte, teilte mir der betagte Jugendpfarrer mit, sie hätten »in Detmold *direkt* für mich leider keine Unterkunft« gefunden, »dafür aber ein schönes kleines Zimmer im Ortsteil Pivitsheide.«

Pivitsheide war genauso, wie es klang: Der piefigste Landstrich Lippes. Das Lichtenrade Detmolds. In Pivitsheide gab es ein paar verstreute Einfamilien- und Reihenhaussiedlungen, zahlreiche Bauernhöfe, einige Hügel, viele Kühe und viele Skinheads. Pivitsheide war

---

43 Es wurde erst 1947 mit Nordrhein-Westfalen vereint. Der geografische Purist wird einwenden, Lippe sei doch ein Teil Ostwestfalens. Das ist nicht richtig. Die gesamte Region heißt nicht umsonst »Ostwestfalen-Lippe«, das ist kein Bindestrich dazwischen, sondern ein Trennstrich. Mit Ostwestfalen und Lippe verhält es sich wie mit Kaffee und Espresso: Im Prinzip die gleiche Soße, aber Letzteres ist einfach viel stärker konzentriert.

die Nazihochburg des Lipperlandes: das Mecklenburg-Vorpommern Nordrhein-Westfalens.

Neben den Nazis war das Aufregendste an Pivitsheide, dass der Ortsteil noch zwei Ortsteile hatte. Pivitsheide war geteilt. Gleich West- und Ost-Berlin gab es Pivitsheide VL und Pivitsheide VH – Kürzel, die an die frühere Zugehörigkeit zu verschiedenen Vogteien erinnerten, Vogtei Lage und Vogtei Heiden, und eine Demarkationslinie bildeten, die die Jahrhunderte überdauerte.

Betrat man Pivitsheide, wurde einem als Erstes der Witz vom chinesischen Postamt erzählt, auf dem ein Mann ein Paket nach Deutschland aufgeben möchte.

»Deutscheland«?

»Ja, Bundesrepublik Deutschland.«

»Bundeslepublik Deutscheland?«

»Jaaa, in Europa!«

»Eulopa?«

»Jaaa!«

»Und del Olt?«

»Pivitsheide«

»VL oder VH?«

Und dann lachten sich die Pivitsheider scheckig. Den Witz erzählten sie sich jeden Morgen beim Frühstück, tagsüber bei der Arbeit und abends in trauter Familienrunde beim Abendessen. In Pivitsheide hatte man sich sonst nicht viel zu erzählen. Die Ersterzählung des Witzes wurde begangen wie eine Erstkommunion, danach wurde er den Kleinen allabendlich vorm Schlafengehen erzählt, bevor man mit einem leisen »Sieg Heil!« das Licht ausknipste.

Mein Zimmer, zehn Quadratmeter groß, gehörte zu

einem Siebzigerjahre-Bungalow. Das kleine Bad mit braungeblümten Fliesen sowie den Kühlschrank im Flur teilte ich mir mit einem anderen Mieter. Eine Küche gab es nicht, wieso auch? Man kann eine Tiefkühlpizza ja auch unter den Achseln aufwärmen. Das Zimmer war so karg und schmucklos, dass ich es mit bunten Batiktüchern aufzupeppen versuchte; ich war also extrem verzweifelt.

Ich lieh mir einen Fernseher und konnte mit der Zimmerantenne immerhin ARD, WDR und ZDF mit Schnee empfangen.

Ich konnte mich also ungestört auf die Arbeit mit den Jugendlichen konzentrieren. Leider habe ich in meinen fünf Monaten beim Christlichen Verein junger Menschen Jugendliche nur gesehen, wenn auf dem Detmolder Hauptpostamt, wo ich täglich die Post abholte, zufällig mal ein Azubi hinterm Schalter stand.

Ansonsten war der CVJM-Kreisverband eine übergeordnete Verwaltungseinheit, die einen Jugendfreizeitdienst, einen Jugendpfarrer, eine Jugendreferentin und etwa viertausend Adressen von Jugendlichen verwaltete.

Der Jugendfreizeitdienst bestand aus einigen betagten Herren, die die buchhalterische Abwicklung von allen christlichen Jugendfreizeiten in Lippe erledigten. Der fünfundsechzigjährige Jugendpfarrer und die Jugendreferentin predigten allabendlich in irgendwelchen CVJM-Ortsgruppen, und die viertausend Jugendlichen in der Datenbank wurden etwa einmal wöchentlich angeschrieben und zu Mitarbeiterschulungen eingeladen, für die ich alle Unterlagen kopierte, in eine Kiste mit Schulungsutensilien packte, die ich dem ollen Jugendpfarrer ins Auto wuchtete.

Ansonsten bestand meine Mission darin, einmal pro Woche viertausend Adressetiketten auf viertausend Briefumschläge zu kleben, viertausend Faltblätter einzutüten und viertausendmal den »Gebühr-bezahlt-beim-Postamt-Detmold«-Stempel auf die viertausend Briefumschläge zu stempeln sowie viertausend Absenderstempel auf die viertausend Briefumschläge und dann alle viertausend Briefe zur Post zu bringen.

Das alles tat ich an einem schleiflackfarbenen Schreibtisch in einem nikotinbeigen Dachkammerbüro, dessen einzige Grünpflanzen auf den Blusen der sechzigjährigen CVJM-Sekretärin gediehen. Sie hieß Frau Korb, war die gute Seele des CVJM und meine direkte Vorgesetze. Sie wies mich in die hohe Kunst des Adressetikettenklebens ein und mochte mich, und das, obwohl sie im anderen Pivitsheide lebte.

Gab es mal keine Briefe einzutüten oder Adressetiketten auszudrucken, bestand meine Aufgabe darin, die Wand anzustarren und die Uhrzeiger der Wanduhr zu überwachen, dass sie nicht vor meinem Feierabend das Ziffernblatt verließen.

Nach fünf Wochen, in denen sich meine christliche Seele verfinsterte und mir das Ticken der Wanduhr wie Morsezeichen vorkam, die das Wort »Depression« buchstabierten, bat mich der siebzigjährige Jugendpfarrer eines Morgens zu sich mit den Worten »Herr Surmann, ich habe einen besonderen Auftrag für Sie!«

Ein Auftrag, ein *besonderer*! Und noch dazu vom Chef

persönlich! Mein Herz klopfte, meine gepeinigte Seele schlug Purzelbäume vor Glück. Gepriesen und gebenedeit sei der Herr, der meine stillen Gebete erhört und mir in seiner Weisheit und Gnade diesen heiligen Auftrag im Dienste der Christenheit zugeteilt hat!

Der greise Jugendpfarrer langte tief in seine Aktentasche. Ich schaute gebannt auf seine Hände. Sie beförderten einen Elektrorasierer zu Tage.

»Könnten Sie auf dem Weg zur Post mal bei *Elektro Mütterthies* vorbeigehen und den nachschauen lassen. Der rasiert nicht mehr.«

Ich schaute den Elektrorasierer an. Der knapp fünfundsiebzigjährige Jugendpfarrer schaute mich an.

»Und der Auftrag?«

»Wie gesagt, wenn Sie auf dem Weg zur Post mal bei *Elektro Mütterthies* ...«

»Aber das ist die entgegengesetzte Richtung!«

»Trotzdem.«

Er bugsierte mich aus seinem Zimmer. Dann stand ich in meinem nikotinfarbenen Büro, in der Hand einen in die Jahre gekommenen Elektrorasierer eines in die Jahre gekommenen Jugendpfarrers, der einen Vollbart hatte.

Elektro Mütterthies war ein Elektronikfachgeschäft, das sicher schon zu Zeiten Fürst Leopolds IV. zu Lippe-Biesterfeld eröffnet hatte. Eines dieser Tante-Emma-Laden-Pendants mit Tresen, BRAUN-Rasierern in Glasvitrinen und Inhabern, die mit Vornamen Wolfram hießen.

»Guten Tag. Ich bin hier wegen dieses Rasierers.«

»Was ist denn damit?«

»Weiß ich auch nicht. Mein Chef hat mich herge-
schickt.«

»Ihr Chef schickt Sie wegen *seines* Rasierers?«

»Ähem, ja«.

Elektrikermeister Wolfram Mütterthies glaubte mir
nicht. Für ihn war ich ein Milchbubi, der sich nicht ra-
sieren konnte. Trotzdem nahm er den Apparat an sich,
schlurfte in die Werkstatt und kehrte nach fünf Minuten
zurück.

»Der ist völlig in Ordnung. War nur total verdreckt,
wurd' offenbar nie sauber gemacht.«

Er schaute mich mit tadelndem Blick an. Ich errötete.
Ich merkte, wie ich errötete und schämte mich, dass ich
mich gerade für meinen Chef schämte. Mit der Folge,
dass ich noch roter wurde. Ich merkte, wie ich noch roter
wurde und schämte mich deshalb noch mal mehr, weil
es jetzt doch so aussah ... – sinnlos. Ich saß in der Falle.

»Oh, na ja, ich werd's dann mal meinem Chef sagen ...«

»Wer ist denn Ihr Chef?«

»Der Jugendpfarrer vom CVJM.«

»Der *lebt* noch? Der muss doch schon weit über acht-
zig sein!«

»Äh ja.«

Wolfram Mütterthies lächelte triumphierend in mein
glutrotes Gesicht und schüttelte den Kopf, er glaube mich
überführt: »Aber der hatte doch immer einen Vollbart!«

An diesem Vormittag, nach nur sechs Dienstwochen,
fasste ich den Beschluss, mich an eine andere Zivil-
dienststelle versetzen zu lassen. Doch wie brachte ich
das einem gut neunzigjährigen Jugendpfarrer bei?

Bis heute halte ich meinen, in nächtelanger Arbeit ausgetüftelten Schlachtplan für meine bis dato raffinierteste taktische Meisterleistung, die im Grunde eines christlichen Zivildienstleistenden völlig unwürdig war.

»Ich hab gemerkt, dass diese Stelle hier nicht das Richtige für mich ist«, fing ich an. Der Blick des greisen Jugendpfarrers verfinsterte sich, als habe gerade ein kompletter Bibelkreis den Text von »Herr, Deine Liebe ist wie Gras und Ufer« vergessen.

»Ich wollte ja eigentlich mit jungen Menschen arbeiten«, fuhr ich fort, »und nun sitze ich hier den ganzen Tag nur im Büro.«

Der Jugendpfarrer schaute, als wäre ich ihm gerade auf seine Gitarre getreten, absichtlich. So etwas hatte er in seinen fünfundneunzig Lebensjahren noch nicht gehört!

»Ich glaube, es ist einfach nicht meine *Bestimmung*, meinen Zivildienst hier abzuleisten.«

»Bestimmung« kommt bei Evangelen immer gut. Die Miene des Jugendpfarrers wurde nachdenklich. Ich legte nach: »Ich habe da draußen in Pivitsheide den Willen Gottes ganz deutlich gespürt, dass dies hier nicht mein Platz ist.«

Eigentlich war das keine Kunst. In Pivitsheide spürte man sehr schnell, dass Gott einen dort nicht haben wollte, war er da doch selbst vor Jahren schon weggezogen.

»Ich habe daher meine Versetzung zu einem Pflegedienst beantragt. Ich glaube, der Dienst an bedürftigen Menschen entspricht eher meiner Bestimmung.«

Einen Moment lang war es still. Dann sprach der knapp hundertjährige Jugendpfarrer in pastoralem Tonfall: »Tja, ich bedauere sehr, dass Sie uns verlassen, aber jedem Menschen, der seine Aufgabe darin sieht, alte und kranke Mitmenschen zu pflegen, gebührt Respekt und Anerkennung. Ich wünsche Ihnen dafür sehr viel Kraft und Gottes Segen.«

Es war besser gelaufen, als ich gedacht hatte! Das eigentlich Unredliche an der ganzen Strategie war, dass Gottes Wille in diesem Fall vom Bundesamt für Zivildienst kam, das unzufriedenen Zivis nur einen einzigen Fluchtweg offen ließ: den Wechsel zu Pflege- und Hilfsdiensten.

Meine baldige Versetzung machte im CVJM schnell die Runde. Die älteren Herrschaften vom Verein junger Menschen nahmen mich zur Seite, zollten mir Respekt und wünschten mir für meinen Dienst am bedürftigen Menschen alles Gute und immer wieder Gottes Segen. Ich spürte ehrfurchtsvolle Blicke auf meinen Schultern und das Raunen der Mitarbeiter, wenn ich mich durch das CVJM-Gebäude bewegte: »Da kommt er: Volker, der Barmherzige!«

Ich kam nach Lippe als Fremder, ich verließ es als Heiliger.

Und Frau Maas
feierte ein Fest

Ich habe meinen weiteren Zivildienst in einem Mobilen Hilfsdienst abgeleistet. In der Regel bedeutete dieser Job, zumeist ältere Menschen bei Tätigkeiten des täglichen Lebens zu unterstützen: Einkaufen, Arztfahrten, Tabletten sortieren usw. In meinem Fall bedeutete Mobiler Hilfsdienst: putzen, putzen und noch mal putzen. Wir waren drei Zivis, heute leben wir alle in total versifften Wohnungen, weil wir in unserem Zivildienst sämtliche Putzanteile unserer Lebenszeit abgefeiert haben. Wir arbeiteten beim Verein »Altenhilfe«, der der Bielefelder Baugenossenschaft *Freie Scholle* angegliedert war. Was klingt wie eine Wattenmeervariante von *Free Willy,* ist jedoch ein altehrwürdiges, bis in den letzten Dachsparren hinein sozialdemokratisches Wohnungsunternehmen.

Irgendwann war den Baugenossen aufgefallen, dass nicht nur ihr gesamter Baubestand in die Jahre gekommen war, sondern auch der Bestand an Bewohnern. Die nämlich hatten in den Zwanziger- und Dreißigerjahren die Neubauten bezogen und waren einfach da geblieben,

Jahrzehnt um Jahrzehnt. So einfach kommt man an eine Altbauwohnung.

Doch irgendwann zogen immer mehr alte Leute, meist betagte Witwen, aus ihren Wohnungen ins Altersheim und die Bielefelder Genossenschaftsgenossen fragten sie, wieso, denn eigentlich waren sie noch ganz rüstig. Sie antworteten unisono: »Aber ich schaff doch die Hausordnung nicht mehr!«

Die *Hausordnung* war das, was in Süddeutschland als *Kehrwoche* bekannt ist. Und wer die Hausordnung nicht mehr erfüllen konnte, hatte seine Mitgliedschaft im sozialen Gefüge des Lebens verwirkt. Denn manche Bewohner der Genossenschaftsbauten bewiesen ein ums andere Mal, dass tief verwurzelte Sozialdemokratie und ausgeprägtes Denunziantentum sich nicht ausschließen müssen, sondern oftmals eine Tateinheit bilden. Wer seine Hausordnung nicht machte, wurde bei der Hausverwaltung verpfiffen. Die beschäftigte zeitweise mehrere Vollzeitkräfte am Hausordnungsnichtmachersorgentelefon, um alle wöchentlichen Denunziationen aufzunehmen.

So kam es, dass auch ältere Frauen mit Dreifuß-Krücken, offenen Beinen oder künstlichem Darmausgang allwöchentlich im Treppenhaus auf den Knien die Stufen wienerten. Jeder zweite Oberschenkelhalsbruch in Bielefeld ging aufs Konto von Kehrwochen. Nicht selten trafen Herzinfarkte und Schlaganfälle die betagten Putzenden auf den Stufen vor ihrer Wohnung.

Wenn dann trauernde Angehörige beiwohnten, als Notarzt oder Bestatter die Verblichene vom Granit kratzte, konnten sie sicher sein, dass, sobald die Bahre aus der Haustür war, eine nicht minder betagte Nachbarin den Kopf zur Tür hinaus steckte mit den Worten: »Die Frau Münz hat aber die Hausordnung nicht fertig gemacht! Wer wischt denn jetzt den Keller?« Den Hinterbliebenen blieb dann nichts anderes übrig, als mit Besen und Schrubber in den Keller zu stapfen – ein letzter Dienst für die Tote.

An dieser Stelle kamen wir Zivis ins Spiel: Unsere Aufgabe war es, den alten Hausbewohnern zu helfen. Sprich: Wir machten für sie die Hausordnung.

Die Hausordnung folgte ganz eigenen Regeln. Oberste Maxime war: Es geht nicht darum, dass es sauber wird, es geht darum, dass es *gemacht* wird.

Nicht selten bekam ich Arbeitsaufträge der Art: »Junger Mann, wischen Sie bloß nicht zu trocken, damit die Peschke das auch mitkriegt. – Und bollern Sie mit dem Schrubber ruhig mal an ihre Tür, die ist doch so schwerhörig.«

Dann bollerte und lärmte ich im Treppenhaus herum, bis Frau Peschke in der Tür stand und mich anraunzte, ich solle doch nicht so nass wischen! Ob ich denn wolle, dass sie sich den Oberschenkelhals breche?

Ich tat in solchen Fällen wie geheißen, denn um Logik und Effizienz ging es hier schon lange nicht mehr.

Und als das Ehepaar Robberslau darauf bestand, den Außenflur vor ihrer Fünfzigerjahre-Etagenwohnung zu wischen und das bei Frost, dann tat ich das, denn mir war klar: Hätte ich es nicht getan, wären sie dafür belangt worden. Kaum war ich fertig, schaute ich auf die matt schimmernde Eisfläche zwischen mir und der Wohnungstür, von wo aus Herr Robberslau mir gerade auf bunten Pantoffeln entgegenschlitterte, gefolgt von Frau Robberslau, die ein kleines Salzfässchen in der Hand hielt und Prise für Prise Kochsalz auf dem spiegelglatten Außenflur ausstreute. – Sinnfragen hatten hier keinen Sinn.

Es war zum Beispiel Teil der Hausordnung, die Fenster im Treppenhaus zu putzen. Deshalb wurden sie wöchentlich, zweiundfünfzigmal im Jahr, poliert, als wären sie das Glas der Weinkelche Willy Brandts. Jede dieser Scheiben, die ich mit dem Fensterleder berührte, war in ihrem knapp fünfundsechzigjährigen Leben schon über dreitausendfünfhundertmal gewienert worden. Das Glas war bisweilen eierschalendünn.

Ich habe in meiner Zivildienstzeit Keller gewischt, die nur einmal jährlich vom Stromableser hätten betreten werden müssen, stattdessen wuselten und wischten wir Zivis einmal wöchentlich durch die dunklen Gänge und sorgten für regen Publikumsverkehr. Die alten Auftraggeber, die den Keller nicht mehr wischen wollten, weil das Treppensteigen zu anstrengend war, kamen in den Keller hinab gestapft, um zu gucken, ob wir auch anständig wischten. Und die anderen Alten in dem Haus, die sich in den anderen Wochen von uns den Keller wischen ließen, weil auch sie nicht mehr Treppe steigen konnten, kamen danach in den Keller gestapft, um zu überprüfen, ob ihr Nachbar auch ja die Hausordnung gemacht hatte. Gemeinsam trugen sie so viel Dreck in den Keller, dass das wöchentliche Wischen schon wieder gerechtfertigt war. Die Hausordnung war ein sich selbst erhaltendes System.

Dankbar war ich für die wenigen Aufträge in meiner Zivildienstzeit, die mich aus Kellern und Dachböden hinausführten. Leider geriet man dabei auch an Gestalten wie Frau Köster. Die hatte mich für eine Arztfahrt engagiert und damit überrollt, sie nicht nur in die Praxis zu begleiten, sondern gleich noch mit in den Umkleideraum für eine Unterleibsuntersuchung. Mit vorsichtiger Hand zog ich ihr in der engen Kabine die Jogginghose vom Leib und die Stützstrümpfe von den Waden. Meine Vorsicht sah jedoch mehr nach Unerfahrenheit und Ungeschick aus, meine Hände zitterten. »Machst das nich so oft, Junge, was?!«, donnerte mir Frau Köster ins glutrote Gesicht. Ich nickte.

Frau Köster ging zum Arzt rein, und als wir schließlich wieder am belebten Tresen in der Praxis standen, rief sie ihrem gut neunzigjährigen Gatten zu: »Ey Walter, der Junge hat heut zum ersten Mal 'ne Frau ausgepellt!«

Alle weißen Kittel der Arzthelferinnen bekamen daraufhin einen blassrosa Schein, weil sie das rote Leuchten meines Gesichts reflektierten. Noch schlimmer als die Tatsache, dass Frau Köster mich gerade zu Tode blamiert hatte, war, dass sie recht hatte. Sie *war* die erste Frau, die ich in meinem Leben ausgezogen hatte:[44] eine fünfundachtzigjährige Wuchtbrumme mit Intimpilz.

Gerne verbrachte ich meine Zeit hingegen bei Frau Maas. Bei ihr konnten peinliche Denunziationen wie bei Frau Köster nicht passieren, denn sie war hochgradig dement.

Frau Maas erkannte mich auch nicht als den Zivi von der »Altenhilfe«. Für sie war ich ihr Sohn. Der war zwar schon zehn Jahre tot, aber das war egal. Es schien sie auch nicht zu stören, dass ihr Sohn sie siezte, nach je-

---

44 Und sie blieb es auch.

dem seiner Besuche fünfzehn Mark in Rechnung stellte und den Empfang auch noch brav quittierte. Stets begrüßte sie mich schon an der Tür überschwänglich und verwundert: »Ach, mein Junge, wie schön, dich zu sehen. Frohe Weihnachten!«

Wie viele Menschen empfand ich Demenz in meinen ersten Zivildienstwochen erschreckend, bis ich nach und nach alte Menschen kennenlernte, die in ihren Fantasiewelten zufriedener zu sein schienen als manch ein geistig Klarer, der sein Hirn bei *Hans Meiser* und *Vera am Mittag* auf extrinsische Demenz umstellte. Gewiss, es gab auch Fälle wie die wirre Frau Pohlmann, die laufend ihre Nachbarn in Verdacht hatte, ihren Abfluss zu verstopfen und faule Bananen in den Kühlschrank zu legen und aus dem Grunde mehr als einmal auf dem Fensterbrett gestanden hatte, um ihren Nachbarn für immer zu entkommen. Aber Frau Maas war nur im besten Sinne tüddelig, voll durch den Wind, aber immer gut gelaunt und glücklich. Ich mochte Frau Maas, sie war meine Lieblings-Omi.

»Nein, nein«, sagte ich zu Frau Maas. »Ich bin nicht Ihr Junge, sondern Ihr Zivi, und wir haben nicht Heiligabend, sondern den 24. August.«

»Ja ja, ich weiß. Das Wichtigste ist, dass du da bist, mein Junge. Komm rein, wir schmücken den Baum.«

Mein Bruder kam einst aus Australien zurück, wo er den gesamten Dezember verbracht hatte, und berichtete danach, wie komisch es sei, Weihnachten im Hochsommer zu feiern. Für mich war das nichts Neues, denn Frau Maas und ich feierten bei jedem meiner Besuche Weihnachten. Erstmals am 24. August 1994.

Ich trat in die Wohnung. Es roch nach Fichtennadel. Frau Maas hatte sich irgendwann angewöhnt, regelmäßig Duftspray zu versprühen. Dieses Ritual hatte in ihrem Langzeitgedächtnis einen ebenso festen Platz gefunden wie ihr verstorbener Sohn, doch wie oft sie es durchführte, vergaß sie. Deshalb war sie eigentlich immer mit dem Fichtennadelspray unterwegs. In keiner Fichtenschonung roch es so fichtig wie in Frau Maas' Wohnung. Trotz achtundzwanzig Grad vor der Tür und stickiger Schwüle in den Zimmern sorgte der Duft sogar für eine leichte Brise Weihnachtsstimmung.

Frau Maas trippelte in ihre Küche, zog die Backofenklappe auf, beugte sich hinab und schaute angestrengt in die Röhre: »Irgendwo hier muss er doch sein.«

»Was suchen Sie, Frau Maas?«

»Den Christbaumschmuck, der lag doch immer hier.«

»Vielleicht gucken Sie mal in der Stube.«

»In der Stube, was soll der denn da?«

»Soll ich in der Zwischenzeit mal das Bad putzen?«

»Musst du nicht, Junge, heut ist Weihnachten. Das Bad hab ich schon gemacht.«

»Ich kann's ja trotzdem mal machen, Frau Maas.«

»Das ist lieb.«

»Wo ist denn Ihr Putzeimer?«

Frau Maas öffnete wieder die Backofenklappe.

»Könnte der Eimer vielleicht unter der Spüle sein?«

»Stimmt stimmt ...«, Frau Maas zog eine Besteckschublade auf: »Nein, da ist er auch nicht.«

Frau Maas guckte noch in den Topfschrank, die Mikrowelle, den Mülleimer, zweimal mindestens noch in den Backofen und die Besteckschublade und zu guter Letzt in ihre Handtasche, bis ich selbst Eimer und Schrubber hinter der Tür im Bad ausfindig gemacht hatte.

»Ich wisch dann mal das Bad, Frau Maas!«

»Ja ja, mach das, Junge. Aber ich hab das schon gemacht.«

Sie hatte es nicht gemacht, zumindest nicht in der letzten Zeit. Das war einer der Punkte, die ich in meiner Zivildienstzeit nie verstanden habe: So sehr das Rotationsprinzip der umseitigen Denunziation für nicht gemachte Hausordnungen für reinlichste Treppenhäuser sorgte, so wenig kümmerte die betagten Herrschaften der Dreck in der eigenen Bude – und sei es, dass die Wollmäuse mit ihren leiblichen Schwestern vereint auf dem Kühlschrank Walzer tanzten.[45]

Im Bad von Frau Maas sah es ähnlich aus: Getrocknetes Fichtennadelspray hatte Kacheln wie Keramik mit einer klebrigen Patina aus Wohlgeruch und Staubflusen überzogen.

»Was wollte ich noch machen?«, fragte Frau Maas und schaute sich suchend im Flur um.

»Sie wollten den Christbaum schmücken.«

»Ach ja, ja, ja ...«

Ich machte mich ans Werk, bald roch mein Wischwasser wie ein Ameisenhaufen bei Starkregen. Als ich aus dem Bad zurück ins Wohnzimmer trat, stand Frau Maas unbewegt vor einem vertrockneten Benjamini und überlegte. Sie fuhr herum, als sie mich hörte.

»Ach, mein Junge, wie schön, dich zu sehen. Frohe Weihnachten! ... Wie bist du reingekommen?«

---

45 Dirty Dancing sozusagen.

»Ich bin Ihr Zivi, Frau Maas, Sie haben mich reingelassen, ich habe gerade Ihr Bad geputzt, und wir haben heute den 24. August.«

»Ja ja, ich weiß. Das ist ja schön, dass du da bist. Der Baum ist fast fertig geschmückt.«

Sie hängte ein paar Luftschlangen über den armseligen Ficus. Weiß der Himmel, in welcher Schublade sie die gefunden hatte.

»Haben Sie alles, was Sie brauchen?«, fragte ich.

»Ja ja, mein Junge«, sagte Frau Maas. »Da kommt immer so'n Zivi, der kauft für mich ein.«

»Ich guck trotzdem mal nach.«

Ich ging in die Küche, schaute in den Kühlschrank, räumte die Unterwäsche daraus in Frau Maas' Schlafzimmer und entsorgte den zu Pelztieren mutierten Käse. Dann erstellte ich einen Einkaufszettel, ließ mir von Frau Maas ihr Portemonnaie aus der Besteckschublade ziehen und ging einkaufen.

Im Discounter an der Ecke kaufte ich ein paar Lebensmittel, zwei Dosen Fichtennadelspray und entdeckte sogar eine erste Palette mit Gewürzspekulatius. Ich kaufte eine Packung. Die Kassiererin grinste: »Na dann, frohes Fest!«

Als ich wieder vor Frau Maas' Tür stand, öffnete sie mir verwundert: »Ach, mein Junge, wie schön, dich zu sehen. Frohe Weihnachten!«

»Ich bin nicht Ihr Junge«, sagte ich. »Ich bin Ihr Zivi, wir haben den 24. August, und ich bin gerade vom Einkaufen zurück.«

»Ja ja, das weiß ich doch. Und du hast sogar Spekulatius dabei! Komm rein, ich hab Kaffee gekocht.«

Tatsächlich! Kaffeeduft mischte sich mit Fichtennadel zu einem weihnachtlichen Verwöhnaroma. Eigentlich störten nur die achtundzwanzig Grad und der strahlend blaue Himmel vorm Fenster.

»Guck, wie schön er leuchtet!«, sagte Frau Maas zum Christbaum, als die Augustsonne die bunten Luftschlangen im Ficus streifte.

»Frohe Weihnachten!«, wünschte ich Frau Maas und tunkte einen Spekulatius in den Kaffee, der etwas dünn war und leicht nach Basilikum schmeckte.

Silvester, Bielefeld.
Oder macht Alkohol schwul?

In meiner Wohnung liegt ein Schläfer. Wie genau er dahin gekommen ist, weiß ich nicht. Er war heute Morgen einfach da und schläft auf dem Sofa. Eigentlich schläft dort nämlich Tom, ein Freund von mir, der zum »Warmen Winter« in der Stadt ist – einem schwulen Jungmenschentreffen über Silvester, organisiert von einem kleinen Kulturverein in Kreuzberg, dem ich gelegentlich Arbeitskraft oder Gästebetten zur Verfügung stelle.

Hinter meinem Schreibtischstuhl, neben dem Regal mit den Akten, schläft Martin, ein BWL-Student aus Koblenz. Heute Nacht waren meine Gäste noch aus, irgendwo auf Party, und als ich sie verabredungsgemäß um elf weckte, waren aus meinen zwei Gästen vier geworden. Zwei kannte ich schon: Martin und Tom, und neben Tom lagen zwei unbekannte Schläfer auf dem Klappsofa.

»Hallo, ich bin Jannis«, sagte Jannis und wischte sich den Schlaf aus den Augen.

»Aha. Freut mich, dich kennenzulernen.«

Der zweite Schläfer indes schlief weiter. Ich bin mir nicht sicher, ob Jannis und Tom ihn kennen, jedenfalls unternimmt niemand Anstrengungen, den Unbekannten zu wecken.

Ich frage Tom, wer der Schläfer ist: »Keine Ahnung. Der ist uns irgendwie zugelaufen.«

Na gut, hab ich eben einen Schläfer in meiner Wohnung. Sicherheitshalber werfe ich noch einen kurzen Blick in mein eigenes Schlafzimmer. Vielleicht liegt ja auch noch einer in meinem Bett. Nein, liegt keiner. Schade eigentlich.

Wir gehen frühstücken und lassen den Schläfer in meiner Wohnung schlafend zurück. Als ich drei Stunden später allein zurückkomme, schläft er noch immer. Ich werde ein bisschen neidisch, denn ich bin auch müde, darf aber nicht schlafen, da ich für meine Vorlesebühne noch eine Geschichte schreiben muss: Eine Silvestergeschichte, denn morgen ist Silvester, und es gibt eine Geschichte, die nur zu Silvester passt, weil sie Silvester passiert ist. Frohgemut setze ich mich an den PC und schreibe.

Silvester, Kenner der Surmanistik wissen das, ist für mich alljährlich ein einschneidendes Erlebnis. Ich habe mich Silvester das erste Mal in einen Mann verliebt, habe Silvester erstmals einen Mann geküsst, hatte über Silvester meinen ersten Freund und kurz nach Silvester keinen mehr und so weiter. Silvester ging das also alles los bei mir, tippe ich in den PC, das mit den Männern. Und das war so:

Wir feierten Silvester in Bielefeld bei Lucie, meiner besten Freundin, und hatten uns in ihrer Wohnung mit einer Handvoll Leute verabredet zum silvesterüblichen Durcheinandertrinken. Später torkelten wir dann in den Ravensberger Park, weil man das in Bielefeld so machte, denn im Ravensberger Park stieg jedes Jahr ein großes Feuerwerk. Und so ein »Ohh«- und »Ahh«-Feuerwerk ist ja schon etwas Feines, vor allem wenn sich das Himmelsschauspiel vor dem inneren Auge wie von selbst vervielfältigt.

Kurz vorm Park trafen wir auf Moritz, einem Freund von Lucie, den ich seit unserem ersten Zusammentreffen fürchtete, war er doch schwul. Lucie hatte ihn mir in einer Phase vorgestellt, in der ich nach neuen Freunden suchte; ich fand ihn sympathisch und war bestürzt gewesen, als sie mir mitteilte: »Ach, der ist übrigens schwul.« – Da lernte ich mal nette Leute kennen und dann waren die gleich schwul, das ging nun wirklich nicht. Wieso, ist mir irgendwie entfallen.

Besagter Moritz strauchelte nun mit einer anderen Partygesellschaft in den Park. Dann ging alles recht schnell. Begrüßungen, Umarmungen, zehn-neun-acht-undsofort, knallbummzisch, schaumalhier und guckmalda, Sektkorken, Prost Neujahr!, Küsschen, Gib mal die Flasche her!, Wie, is alle? – Und so wurde über »Oh!« und »Ah!« ein neues Jahr.

Irgendwer aus der anderen Partygesellschaft meinte, er kannte noch wen, der jemanden kannte, der noch auf eine WG-Party in die Hermannstraße ginge. Der Vorschlag wurde vielstimmig angenommen, und so zogen wir alle in die Hermannstraße.

Ich habe mich oft bemüht, meine Erinnerungsfragmente ab diesem Zeitpunkt zu rekonstruieren. Mehr als

einmal habe ich versucht, dieses Haus in der Hermannstraße wiederzufinden, aber das ist mir nie gelungen.
Von der Wohnung sind mir lediglich die Küchenzeile,
der Küchenfußboden, die ungefähren Abmessungen des
Flurs und alle Teile der Toilette bis Hüfthöhe erinnerlich
geblieben. Sonst weiß ich nur noch, dass die Wohnung
brechend voll war und es überhaupt nicht auffiel, dass
fremde Leute im Haus waren ... – Apropos:

Was macht eigentlich der Schläfer?

Vom Sofa aus beobachtet mich der Schläfer mit ausge-
schlafenen Augen. »Guten Morgen!«, begrüßt er mich:
»Du musst Volker sein.«

»Ja, bin ich, gut geschlafen?«

»Geht so. – Wie spät ist es denn?«, fragt der Schläfer.

»Kurz vor drei.«

»Na ja, dann steh ich mal besser auf«, sagt der Schläfer und trollt auf den Flur und findet auf Anhieb das Bad.

Man könnte sagen, es war Schicksal, dass Moritz und
ich in der Hermannstraße plötzlich nebeneinander an
der Küchenzeile lehnten. Mit mehr Berechtigung könnte
man darauf verweisen, dass dort die Weinvorräte lagerten.
Über die machten Moritz und ich uns her, und nach jedem
Glas rutschten wir weiter am Schrank hinab, sodass wir
am Ende mehr auf dem Fußboden in einer Rotweinpfütze
lagen, als dass wir noch rittlings gegen die Spüle gelehnt
saßen. Wir haben uns prächtig verstanden, gut unterhal-
ten, viel gelacht und noch viel mehr gelallt. Bald forderte
die übermäßige Flüssigkeitszufuhr ihren Tribut, und ich
stellte mich in der Schlange vor dem Klo an. Kurz darauf

hechtete Moritz an mir vorbei, die Hand vorm Mund: »Mrrrmimukodddnnnm!«, was so viel geheißen haben dürfte wie: »Verzeihung, meine Damen und Herren, würden Sie mich bitte freundlicherweise vorlassen? Ich fühle mich gerade unpässlich.« Doch wie die Bielefelder so sind, erwiderten sie nur: »Jaja, das müssen wir alle. Hinten anstellen!« Moritz stürzte wieder in die Küche und kam einen Moment später gut gelaunt mit einem roten Plastikeimer zurück, hielt ihn mir vor die Brust und sagte stolz: »Guck mal, Volker! Ich hab gekotzt!«

In diesem Augenblick war mir klar: Ich hatte mich verliebt.

»Waaas, du hast dich in einen Mann verliebt, weil er dir seine Kotze gezeigt hat?«

Der Schläfer steht hinter mir, liest die Zeilen an meinem Bildschirm und klingt entrüstet: »Das ist ja widerlich!«

»Nein!«, sage ich. »So war das nicht. Lies mal weiter!«

»Aber da steht noch nichts«, beschwert sich der Schläfer. »Außerdem heiße ich Marcel.«

»Pech gehabt, Marcel, das ändere ich nicht mehr. Da hättest du früher aufstehen müssen!«

»Schreib weiter! Ich will wissen, wie es ausgeht«, mault der Schläfer. »Außerdem möchte ich gleich mal ins Internet!«

Ich guckte Moritz an, ich guckte den Eimer an, und ich guckte an, was Moritz im Eimer hinterlassen hatte. Es machte mir nichts aus. Und wenn einem so etwas nichts ausmachte, musste das wohl Liebe sein. Der Eimer war das Symbol dieser Liebe. Bis heute haben Sätze wie »Ach, unsere Beziehung ist voll im Eimer!« oder »Weißt du, ich find ihn nur zum Kotzen« für mich eine andere als die landläufig bekannte Bedeutung.

Das Bild des Eimers ist meine letzte Erinnerung an die WG in der Hermannstraße. Mein Gedächtnis setzt erst wieder in den nächtlichen Straßen Bielefelds ein, wo Lucie sich das ehrgeizige Ziel gesteckt hatte, erst Moritz nach Hause zu geleiten und dann mich zurück in ihre Wohnung zu bugsieren. Zu diesem Zweck hatten wir uns zu dritt eingehakt: Moritz links, ich rechts, Lucie in der Mitte, sodass ihr die schwierige Aufgabe zukam, unsere gegenläufigen Torkelbewegungen auszugleichen und uns gleichzeitig um Hindernisse wie Straßenlaternen, Hundehaufen oder vorbeidonnernde Schneepflüge herumzulotsen.

In Moritz' WG tranken wir, um uns von dieser Strapaze zu erholen, gemeinsam noch eine Flasche Sekt, Lucie rauchte, ich schaute Moritz an, und Moritz versuchte, eine Schwimmkerze anzuzünden, und tauchte Lucies Feuerzeug ein ums andere Mal neben die Kerze ins Wasser. Nebenbei erzählten wir von uns, und es kam heraus, dass Moritz und ich gleich alt sind und fast am selben Tag Geburtstag haben. Stolz sagte Moritz: »Ich bin Jungfrau!«, und ich rief aus: »Ich auch!« und verkniff mir den Zusatz: »Und wie!« Danach gab er mir den letzten Stoß direkt ins Herz: »Jungfrauen passen sehr gut zusammen.« – Hmpf. Ich war still, schaute weiterhin Moritz an, und Moritz klatschte eine Hand vors Auge und reduzierte die Zahl der Schwimmkerzen damit um mindestens die Hälfte. Nach drei weiteren Anläufen brannte die Kerze endlich.

Lucie und ich verabschiedeten uns und torkelten in ihre Wohnung. Dort war von unserer Silvestergesellschaft nur noch ihr Exfreund übrig. Gemeinsam drängten mich die beiden, einen Joint zu rauchen – wie sich später herausstellte, nur aus dem einzigen Grund, mich garantiert auszuschalten, um nebenan ungestört das beliebte Sex-mit-dem-Ex-Spiel zu spielen. Der Joint verflog ohne Wirkung, aber ich kriegte von meiner Umwelt sowieso nichts mehr mit, weil in meinem Kopf eh gerade alles Karussell fuhr – ein Zustand, an dem sich ein paar Monate lang nichts mehr ändern sollte.

»Ja und?«, fragt der Schläfer.

»Nichts ›na und‹. Das war's.«

»Aus dir und Moritz ist nichts geworden?«

»Nö, ich hatte zu dem Zeitpunkt zwar noch gedacht, mit Schwulen wär es wie mit Kakapos ...«

»Was für Pos?«

»Kakapos. Das sind seltene flugunfähige Papageien, von denen es nur noch ganz wenige gibt. Jahrelang ziehen sie über Neuseeland, und sobald sie ein anderes Tier treffen, das halbwegs attraktiv ist, wird nicht lang gefackelt.«

»Was für'n Quatsch«, sagt der Schläfer. »Also endet die Geschichte nicht mit einem Happy End?«

»Nein, leider nicht. Die meisten meiner Geschichten enden irgendwie im Nichts«, seufze ich und füge hinzu: »Aber das muss ja nicht so bleiben, Marcel.«

Ich drehe mich um zum Schläfer, doch der hört schon nicht mehr zu: »Gibt's hier irgendwo günstig Pizza?«

Swatter Opa, witter Opa

Früher erzählte mein Opa mir gerne die Geschichte seiner Großväter. Es war die Geschichte vom *swatten Opa* und vom *witten Opa.* Eigentlich war es gar keine richtige Geschichte, denn sie endete stets mit der Zeichnung der Figuren. Das war schon die ganze Geschichte. Mein Opa hatte in seiner Jugend in Ostfriesland zwei sehr verschiedene Großväter. Väterlicherseits gab es den schwarzen Opa: Former in einer Eisengießerei, einsilbig und auch dem Wesen nach schwarz, wie Opa immer betonte, aber nie ausführte, was das bedeutete. Mütterlicherseits gab es den weißen Opa, einen Böttcher, einen Fassmacher – einen Kinderfreund, den sämtliche Kinder der Straße schon umsprangen, wenn er auch nur um die Ecke bog. Um den swatten Opa machten die Kinder einen großen Bogen. Hauptmerkmal beider Großväter waren ihre Bärte, schwarz beim swatten Opa, schlohweiß beim witten Opa, und ich stelle mir bis heute zwei friesische Seebären mit unterschiedlichen Mähnen vor, obwohl in unserer Familie nie jemand zur See gefahren ist.

»Das war wohl damals so Mode, dass man als Opa lange Bärte tragen musste«, schloss mein Opa und strich sich über das nackte Kinn.

Mein Opa hat mit diesen und anderen Konventionen gebrochen. Als Katholik heiratete er eine Protestantin, ließ seine Tochter gar evangelisch taufen. Er lernte Landvermesser und zeichnete im Krieg vermutlich Frontkarten, die Hochzeit erfolgte 1943 zwischen den Schlachten. Nach dem Krieg begann mein Opa eine zweite Lehre und wurde »Bonbonmacher«. Meiner Mutter wollte das in der Schule nie jemand glauben. »Da frag doch zu Hause noch einmal nach, ob der Beruf deines Vaters wirklich so heißt«, hörte sie von ihren Lehrern.

Ja, hieß er. Bonbonmacher. Heute sagt man wahrscheinlich »Lebensmitteltechniker« dazu. Oder »Sacharase-Chemiker«. Die Globalisierung schluckt die schönsten Berufsbezeichnungen: Eisengießer, Böttcher, Bonbonmacher.

Als sein kleiner Süßwarenhersteller in Leer vom Storck-Riesen übernommen wurde, zog mein Opa aus Ostfriesland nach Ostwestfalen.

Inzwischen hat mein Opa graue Haare, und Geschichten erzählt er nicht mehr. Er ist neunzig. Früher war er Bonbonmacher, dann war er Rentner, heute ist er Pflegestufe 1. Irgendwann ist das wohl die letzte Aufstiegsmöglichkeit im Leben: Pflegestufe 2 und 3. Dann ist der Tod irgendwann der Hauptgewinn.

Wenn das Leben eine Party ist, dann gleicht der Lebensabend vielleicht dem Ende dieser Party. Die ersten Organe verabschieden sich, bei meinem Opa waren das die Zähne, und bald darauf machte sich auch das Gehör auf den Heimweg. Inzwischen steht das Gehirn auf der Schwelle und schaut sich noch mal um. Das Kurzzeitgedächtnis sitzt schon draußen im Wagen, während das Langzeitgedächtnis noch mit dem Herzen an der Theke sitzt und vergessen hat, wie spät es ist. Das Herz hängt wacker am Tresen des Lebens und krakeelt laut: »Was? Erst neunzig? Wir machen durch bis hundert Jahr, fallera!« Füße, Muskeln und einige innere Organe verdrehen ihre Augen, und irgendwer überredet das Hirn, noch auf einen letzten Schluck Wasser zu bleiben.

In diesem Sommer versorge ich Opa eine Woche lang gemeinsam mit meinen Geschwistern, während meine Eltern Urlaub machen. Schnell wissen wir, wie dringend sie ihn nötig haben. Denn Opa zu versorgen, ist ein Fulltimejob. Nicht, dass wir ihn körperlich pflegen müssten, das wenige, das dort von Nöten ist, besorgt allmorgendlich ein Pflegedienst. Doch unser Opa lebt zunehmend in einer Umgebung, in der Raum und vor allem Zeit an Bedeutung verlieren. Heute, gestern, morgen, Vormittag, Nachmittag, Abend verschmelzen bei unserem Opa zu einem immerwährenden Flug durchs Jetzt. Wir werden zu Fluglotsen auf einer Zeitreise ohne Zeitgefühl.

Die Bedienungsanleitung für unseren Opa sieht in etwa so aus:

Opa wecken, Opa überreden, etwas zu trinken, versuchen, Opa seine Tabletten zu geben.

Opa noch etwas schlafen lassen.

Opa noch mal wecken, Opa frische Wäsche rauslegen, Opa dem Pflegedienst überantworten.

Opa Frühstück machen: Milchsuppe kochen.

Opa überreden, etwas zu trinken. Opa überreden, etwas zu essen. Opa überreden, seine Tabletten nun doch noch zu nehmen.

Opa davon abhalten, seine Tabletten genüsslich zu kauen.

Opa die Zeitung hinlegen.

Opa wecken, wenn der Kopf auf die Küchentischplatte zu sinken droht.

Opa überreden, sich vielleicht in seinen Sessel zu setzen.

Opa etwas zu trinken bringen. Opa überreden, etwas zu trinken.

Mittagessen für Opa ausdenken. Mittagessen für Opa einkaufen und zubereiten.

Opa ans Mittagessen erinnern.

Opa überreden, etwas zu essen.

Opa überreden, zu dem Essen auch etwas zu trinken.

Opa überreden, sich vielleicht für ein kleines Mittagsschläfchen hinzulegen.

Opa daran erinnern, dass er neunzig ist und das durchaus darf.

Opa bestätigen, dass er wirklich schon neunzig ist und wir schon Mittag gegessen haben.

Opa nach dem Mittagsschlaf wecken und Geschmack auf Tee machen.

Tee machen.

Opa überreden, zum Tee ein Stück Kuchen zu essen.

Opa die Zeitung hinlegen.

Opa wecken, wenn der Kopf auf die Küchentischplatte zu sinken droht.

Opa überreden, sich vielleicht in seinen Sessel zu setzen.

Opa etwas zu trinken bringen. Opa überreden, etwas zu trinken.

Nach Opa gucken, wenn er plötzlich weg ist.

Opa aufwecken, wenn er auf dem Klo eingeschlafen ist.

Ein Fernsehprogramm für Opa aussuchen.

Opa zum Abendessen holen.

Opa Suppe kochen.

Opa überreden, etwas zu trinken.

Opa seine Tabletten geben.

Opa wecken, wenn der Kopf auf die Küchentischplatte zu sinken droht.

Opa überreden, sich vielleicht in seinen Sessel zu setzen.

Opa wieder ein Fernsehprogramm aussuchen.[46]

Opa zwischendurch daran erinnern, etwas zu trinken.

Später einen geeigneten Zeitpunkt finden, den Fernseher auszumachen.

Opa überzeugen, dass es schon spät ist.

Opa ins Bett bringen.

Opa daran erinnern, sich vorm Schlafengehen umzuziehen.

Opa beim Ausziehen helfen, Opa die Jogginghose ausziehen helfen, Opa beim Sockenausziehen helfen.

Opa daran erinnern, das Gebiss rauszunehmen.

Opa daran erinnern, nicht mit Hörgerät zu schlafen.

Opa gute Nacht sagen.

---

46 Am liebsten, haben wir herausgefunden, schaute er Damen-Golf.

Früher habe ich nicht verstanden, dass meine Eltern beim Mittagessen kein anderes Thema hatten als ausgerechnet Opas Stuhlgang. Heute sitzen meine Brüder und ich zusammen im Wohnzimmer und halten Plenum. Einziger Tagesordnungspunkt: Opas Stuhlgang.

Opa sitzt seit eineinhalb Stunden auf dem Klo und quält sich. Alle Fragen, ob etwas nicht in Ordnung sei, hat er abgewiesen. Mittelchen und Verdauungstrünke lehnt er ab, denn unser Opa verfährt nach dem Prinzip, wenn unten nichts rauskommt, kommt oben auch nichts rein. Nicht mal Wasser. Und draußen sind es zweiunddreißig Grad im Schatten.

Uns bleiben nur unsere Überredungskünste, der gelegentliche Verweis auf den Doktor und der möglichst wenig drohend ausgesprochene Hinweis: »Wenn du gar nichts trinkst, musst du wieder ins Krankenhaus, dann kommst du an den Tropf.«

Ansonsten bleibt uns nur zu hoffen, dass er sein Problem irgendwann los wird und sein Herz allen dazu nötigen Anstrengungen standhält. Klar, wir wünschen Opa alle einen Tod zu Hause im Kreise seiner Lieben, aber Infarkt auf der Kloschüssel gönnt man niemandem.

Zwei Wochen später ist Opa tot. Ein paar Infektionen auf einmal, ein paar Tage Krankenhaus, dann ist er eingeschlafen, wie man so sagt. Als Kind habe ich nie verstanden, was das heißen sollte. Als eine Nachbarin »eingeschlafen« war, konnte man mich nur mit Mühe davon abhalten, mit drei Weckern unterm Arm hinüberzulaufen, um sie aufzuwecken. Heute sage ich es selber: eingeschlafen. Das klingt so friedlich. Morgen früh, so

Gott will, wirst du wieder geweckt. Schlaf gut. Opa gute Nacht sagen ...

In meinem Heimatort gibt es zwei Bestatter: Bückling und Späth. Wenn der Krankenwagen mit Martinshorn durch die Stadt fuhr, bekamen unsere Rufe auf dem Schulhof eine bizarre Doppelbedeutung: »Zu spät, zu spät, zu spät ...«

Mein Heimatort ist eine kleine Stadt, und wahrscheinlich ist das Einzige, was sie von einem Dorf unterscheidet, die Tatsache, dass es alles doppelt gibt: Es gibt zwei Zeitungen, zwei Buchhandlungen, zwei Kirchen, zwei Bestatter. Und jede Familie ist klar zugeordnet. Man ist entweder *Ravensberger Kreisblatt* oder *Westfalenpost*, *Buchhandlung Reckersdrees* oder *Bücherstube Lampe*, man ist CDU oder SPD, evangelisch oder katholisch, *Bückling* oder *Späth*.

Meine Familie war *Ravensberger Kreisblatt*, *Bücherstube Lampe*, *evangelisch* und *Bückling*. Nur einmal hat meine Familie Herrn Späth mit einer Beerdigung beauftragt, und er hat sich dafür gerächt. Niemand war zufrieden mit seiner Bestatterleistung.

Nun sind wir wieder bei Bückling, einem schlaksigen Männchen mit Bierbäuchlein und gebeugten Schultern, vermutlich vom vielen Leichenheben in all den Jahrzehnten, die er den Job sicherlich schon ausübt. Weißgraues Haar und Hasenzähne. Augen in tiefen Höhlen. Wieso wirken manche Bestatter eigentlich wie Karikaturen von Gevatter Tod?

Herr Bückling führt uns in die Friedhofskapelle, wo mein Opa aufgebahrt ist, damit wir von ihm Abschied nehmen können. Auch ich will Abschied nehmen, doch ich komme nicht in Abschiedsstimmung. Dann fällt mir auf, dass ich schon ein paar Jahre lang Abschied genommen habe. Jedes Mal, wenn ich meinem Opa begegnete, fehlte wieder ein kleiner Teil von ihm.

»Wir hatten den Mund so schön zu«, plappert Herr Bückling, »aber über Nacht ist er einfach wieder aufgegangen.« Dann scheint ihm seine Pietät energisch an die Hirnrinde zu hämmern, und er wechselt in einen salbungsvollen Tonfall und raunt meiner Mutter zu: »Sein Körper war selbst für eine Leichenstarre zu schwach. Mein herzliches Beileid.«

Mein jüngster Bruder versucht, ein Grinsen zu unterdrücken. Ich weiß, er hat gerade die letzten *Six-Feet-Under*-Folgen vor Augen.

Herr Bückling versucht vergeblich, mit gebeugtem Kopf und bescheiden gefalteten Händen rückwärts würdevoll aus dem Raum zu schreiten.

Wir bleiben am offenen Sarg zurück und starren hinein. Der Mund meines Opas steht weit auf. Als schliefe er mal wieder mit zwischen den Gaumen vergessenem Gebiss. Das sieht nicht schön aus, aber genauso haben wir ihn manchen Morgens im Bett gefunden, bevor wir ihn weckten, wozu wir laut gegen die Tür bollerten und die Rollläden mit Schmackes hochkrachen ließen, bis Opa endlich aufschreckte mit den Worten: »Och, is ja schon hell, dann steh ich mal besser auf!«

Heute schläft Opa weiter. Man hat ihm die Hände gefaltet. Bei den Gliedmaßen hat die Leichenstarre wohl doch funktioniert, jedenfalls hat Herr Bückling die einzelnen Finger mühsam umeinander geknotet, was den zum Gebet gefalteten Händen ein groteskes Aussehen gibt.

Wir stehen am Sarg und diskutieren die Leiche. Wieso dürfen Tote die Hände nicht zum Gebet aufeinander legen, fragen wir uns.

Ich entdecke ein paar hellgraue Haare auf Opas schwarzem Anzug und zupfe sie weg.

»Von dieser Seite sieht er besser aus«, sagt mein Vater, und wir drängeln uns auf die andere Seite in der kleinen, von Kerzen erhellten Nische der Kapelle.

Ich entdecke ein weiteres hellgraues Haar, ganz dünn und im Mund meines Opas. Es klebt an der Oberlippe. Es hängt dort wie zum Beweis, dass aus diesem Mund kein Atem mehr dringt.

Meine Mutter tritt einen Schritt zurück und schaut sich in dem Raum der Friedhofskapelle um. Ein geschmackvoller Neubau aus Holz, Glas, Licht, weißen Wänden und Terrakotta.

»Wieso steht hier ein Tisch?«, fragt sie, und wir blicken alle zu einem Holztisch mit zwei Stühlen unter einem Oberlicht. Darüber hängt ein Bild mit einem blauen Engel, und wir überlegen im Stillen, ob dieser Tisch je genutzt wurde von einer Witwe, die im Beisein ihres verblichenen Gatten noch ein letztes gemeinsames Kreuzworträtsel löste.

Nach und nach verlassen wir den Raum. Von draußen höre ich schon meinen Vater mit Herrn Bückling über die aktuellen Todesfälle der Stadt schwätzen. Ich bin der Letzte in der Nische mit dem Leichnam. Vorsichtig recke ich meine Hand zu dem Mund meines Opas, will das Haar zwischen seinen Lippen greifen, doch im letzten Moment zucken meine Finger zurück. Gesenkten Kopfes verlasse auch ich den Raum.

Bald stehen wir alle um Herrn Bückling herum. Meine Eltern, meine beiden Brüder, meine hochschwangere Schwägerin, seit sechs Tagen über dem Termin. Herr Bückling guckt anerkennend auf ihren Kugelbauch und erzählt von einer Frühgeburt nach fünf Monaten, bei der laut Ärzten entweder die Frau oder das Kind sterben musste. Wir alle schauen betreten auf den Boden und hoffen, dass Bückling bald fertig ist, und fragen uns bei allen Details um Kaiserschnitt und Brutkasten nur bang, welches schlechtes Ende die Geschichte nehmen wird, denn Happy Ends erwarten wir von einem Bestatter nicht. Doch beide haben überlebt, Bückling musste weder Mutter noch Kind begraben. Wir streifen nur kurz die erwarteten Behinderungen des Frühchens und lassen Herrn Bückling zurück, allein mit unserem toten Opa und all den Geschichten, die er mit ins Grab genommen hat, und dem Haar zwischen seinen Lippen.

Als mich zwei Tage später bei der Beisetzung doch noch Trauer übermannt, habe ich auch dieses Bild im Kopf: mein Opa, aufgebahrt, wie schlafend und doch tot, das Haar zwischen seinen Lippen und meine Hände, die zurückzucken.

Epilog

Hunde leben

»Am besten«, sagt Kirsten, »am besten nimmst du was mit Tieren.«

Wir sitzen hinter der Bühne, warten auf unseren Auftritt und diskutieren derweil über einen Titel für mein Buch mit Heimatgeschichten. Seit Tagen sitzt mir mein Verleger deshalb im Nacken.[47]

»Genau, Tiere sind niedlich«, sagt Sebastian Lehmann.

»Tiere auf dem Cover kommen super an«, sagt Kirsten. »Fünfundsiebzig Prozent aller Bücher werden von Frauen gekauft. Und Frauen finden Tiere süß. Ist nun mal so.«

»Bei dir war noch nie ein Tier auf dem Cover«, werfe ich ein.

»Doch, immer ein Fuchs«, sagt Kirsten, »total niedlich.«

»Am besten gehen Kängurus«, sagt Sebastian. »Marc-Uwe hat damit ein paar Fantastillionen Bücher verkauft.«

---

47 Vgl. Surmann, Volker und Surmann, Volker (Hrsg.): Schizophrenie in Kleinverlagen. Satyr Verlag (Berlin: *voraussichtlich* 2017).

»Und Katzen!«, wirft Kirsten ein.

»Genau«, sagt Sebastian. »Marc-Oliver Schusters *Katze*-Geschichten finden alle toll. Das Buch von Julius Fischer heißt *Ich will wie meine Katze riechen*, da fahren die Mädchen voll drauf ab.«

»In meinem Buch kommt 'ne Kuh vor.«

»Dann nenn dein Buch doch *Ich will wie meine Kuh riechen*«, sagt Sebastian.

»Kühe stinken«, werfe ich ein.

»Okay, dann doch lieber die Katze.«

»Die einzige Katze in meinem Buch stirbt aber.«

»Hm, tote Katzen sind nicht niedlich«, grübelt Kirsten.

»Du hast dein Buch *Sebastian* genannt«, sage ich zu Sebastian. »Da ist auch kein niedliches Tier drin.«

»Aber ich bin niedlich«, wirft Sebastian ein. »Und Fell hab ich auch. Du kannst dein Buch ja *Volker* nennen.«

»*Volker* ist nicht niedlich«, sagt Kirsten.

»Stimmt«, sagt Sebastian. »Dann vielleicht doch lieber die tote Katze.«

»He!«, sage ich.

»*Ich will wie meine tote Katze riechen*«, schlägt Sebastian vor.

»Ich glaube nicht, dass das verkaufsfördernd ist.«

»Und was war mit der Katze?«

»Ich wollte sie ausgraben.«

»Ihhh«, rufen Kirsten und Sebastian gleichzeitig.

»Worum geht's in deinem Buch eigentlich sonst?«, will Kirsten wissen.

»Es ist ein Heimatbuch aus dem Teutoburger Wald. Geschichten vom Bauernhof und so.«

»*Heimatbuch* finde ich gut«, sagt Sebastian.

»Ihr hattet doch sicher Tiere auf dem Bauernhof.«

»Ja. Es gibt auch eine Geschichte über Hühner.«

»Na gut«, sagt Kirsten, »Hühner sind nicht ganz so niedlich wie Katzen ... Was machen die Hühner in deiner Geschichte?«

»Sie legen Eier, und dann werden sie geköpft.«

»Okay, vielleicht doch lieber keine Hühner.«

»*Ich will wie eine tote Henne riechen*«, sagt Sebastian. Manchmal kann er ganz schön albern sein.

»Es kommt auch noch ein Kanarienvogel vor«, fällt mir ein. »Der stirbt aber auch.«

»Gibt's denn noch andere niedliche Tiere in deinem Buch?«, fragt Sebastian.

»Kaninchen«, sage ich, »sogar Kaninchenjungen!«

»Wie niedlich!«, ruft Kirsten. »Wann kann ich das Buch kaufen?«

»Aber die sterben auch alle«, fällt mir ein.

»Das ist aber traurig«, sagt Sebastian und wischt sich eine Träne aus dem Augenwinkel.

»Nenn dein Buch doch einfach *Alle Tiere tot*«, sagt Kirsten.

»*Alle Tiere tot. Ein Heimatbuch.* Na toll, das wird sich ja verkaufen wie geschnitten Brot«, mosere ich rum.

»Jetzt moser mich nicht an«, mosert Kirsten. »Ich hab's schließlich nicht geschrieben.«

Nun bin ich ein wenig beleidigt.

»Gibt es denn auch Tiere, die dein Buch überleben?«, fragt sie dann versöhnlich.

»Kakerlaken vielleicht«, mutmaßt Sebastian. »Die überleben ja selbst einen Atomkrieg, da sollten sie Volkers Buch auch überstehen.«

Nur die Kakerlaken überlebten. Und ich. Eine Kindheit im Teutoburger Wald. Na toll.

»In meinem Buch gibt's keine Kakerlaken«, sage ich. »Und im Teutoburger Wald auch nicht. Das wär' ja noch schöner!«

»Ich will wie eine Kakerlake riechen«, grübelt Sebastian.

»Eigentlich überlebt kein Tier mein Buch.«

»Wie traurig«, sagt Kirsten.

»Aber ich habe sie alle geliebt«, sage ich.

»Das ist ja noch viel trauriger«, sagt Sebastian und muss wieder ein bisschen weinen. Er ist immer so empfindsam.

»Nur die Hunde kommen durch.«

»Es überleben also doch Tiere, o schön!« Kirsten klatscht glücklich in die Hände: »Und Hunde können ja auch ganz schön niedlich sein.«

»Die Geschichte ist darüber, dass ich Hunde hasse.«

»Ahh, das ist ja interessant«, sagt Sebastian und zupft sich am Bart. Er wäre ja gerne Psychoanalytiker geworden, aber dazu reicht sein Bartwuchs noch nicht. Trotzdem sagt er nun: »So so. Alle Tiere, die Sie lieben, sterben also, aber die Hunde, die Sie hassen, überleben. Das ist sehr interessant, finden Sie nicht? Wer stirbt sonst noch in Ihrem Buch?«

»Mein Opa«, sage ich.

»Und lassen Sie mich raten, Herr Surmann: Den haben Sie auch geliebt?«

»Ja.«

»Sehen Sie!«

»War dein Opa niedlich?«, fragt Kirsten und unterbricht damit Sebastians Psychoanalyse.

»Na ja. ›Niedlich‹ ist vielleicht nicht der richtige Ausdruck.«

»Nenn dein Buch doch *Alle Tiere tot. Und Opa.*«

»Nein!«

Im Folgenden verwerfen wir noch die Titel: *Erschütternde Tierschicksale, Der Schlächter vom Hof, Massaker im Teutoburger Wald* sowie *PETA würde dieses Buch verbrennen.*

»Vielleicht sollten wir doch besser keinen Titel mit Tieren nehmen«, gebe ich zu bedenken.

»Etwa mit Pflanzen?« Sebastian guckt zweifelnd.

»Ein total niedlicher Apfelbaum«, überlegt Kirsten. »Da fahren wir Frauen total drauf ab. Das war schon bei Eva so.«

»Es kommt sogar ein Apfelbaum in einer Geschichte vor«, fällt mir ein.

»Super!« Kirsten freut sich.

»Aber ich fahr ihn aus Versehen um.«

»Okay, also auch keine Pflanzen. Dann musst du also bei Menschen bleiben. Nenn dein Buch doch einfach *Lieber was mit Menschen*«, schlägt Sebastian vor.

»Geht nicht. Da gibt's schon ein anderes Buch, das so ähnlich heißt«, gebe ich zu bedenken. »*Hauptsache nichts mit Menschen.*«

»Das ist aber ein schöner Buchtitel«, sagen Kirsten und Sebastian.

»Ist aber nicht von mir. Außerdem: Wo sind da die Tiere?«, frage ich.

»Bist du blöd«, sagt Sebastian, »*Hauptsache nichts mit Menschen.* MEHR Tier geht doch gar nicht.«

»Na schön. Und wie nennen wir jetzt *mein* Buch?«

»Dann musst du halt doch was mit Menschen nehmen«, sagt Kirsten. »Am besten Kinder. Kinder können mit Katzen zwar nicht ganz mithalten, aber niedlich sind sie auch. Also manchmal.«

»Warst du wenigstens als Kind niedlich?«, fragt Sebastian. Kirsten schaut zweifelnd.

Dann müssen wir auf die Bühne.

Einen Titel für mein Buch habe ich immer noch nicht. Verdammt! Mein Verleger wird verzweifeln.

Inhalt

Erstveröffentlichungsnachweise:

»Siebzehn Hektar Kindheit«, erstmals in Karsten Krampitz/Heiko Werning: *Heimat, Heimweh, Heimsuchung* (Karin Kramer Verlag: 2010)

»Weil es Landliebe ist«, erstmals in *EXOT* No. 11 (2010)

»Das Schweigen der Hennen«, erstmals in Volker Surmann/Heiko Werning (Hrsg.): *Fruchtfleisch ist auch keine Lösung. Beiträge zur Ernährungslage der Nation* (Satyr Verlag: 2011)

»Der Höllenhund vom Teutoburger Wald«, erstmals in Christian Bartel/Anselm Neft (Hrsg.): *Götter, Gurus und Gestörte* (Satyr Verlag: 2009)

»Mein peinlichstes Erlebnis« und »Silvester Bielefeld. Oder macht Alkohol schwul?«, erstmals in Brauseboys: *Provinz Berlin* (Satyr Verlag: 2005)

»Nur ich konnte die Welt retten«, »Röhrenjeans, Alexanderplatz« und »Lost in Spacecakes«, erstmals in Volker Surmann (Hrsg.): *Das war ich nicht, das waren die Hormone! Geschichten aus der Pubertät* (Satyr Verlag: 2010)

»Und Frau Maas feierte ein Fest«, erstmals in *Schädelspalter* (August 2009)